dtv

Was ist eigentlich wichtig auf unserem Weg? Wir denken darüber nach, was wir tun müssen, um eines Tages sagen zu können, dieses Leben hat seine Erfüllung gefunden, auch wenn nicht alle Ängste gewichen sind und nicht jeder Traum wahr wurde. Es geht hier nicht um Patentrezepte, Heilslehren oder Radikalkuren. Christian Graf von Krockow zieht seine Leser vielmehr in ein Gespräch: Neugier und Klugheit, Selbstachtung, Streit und Versöhnung, das Gute und die Skepsis, Höflichkeit und Zärtlichkeit, Vernunft, das Gespräch unter Freunden, das Erinnern, die Vertrautheit und das Abschiednehmen, davon handelt dieses Buch. Ein heiterer und behutsamer Wegweiser in einer verwirrenden Welt, »eine solide Standortbestimmung inmitten einer so ziel- und rastlosen Geschichte« (Westfalenpost).

Christian Graf von Krockow, geboren 1927 in Pommern, lehrte von 1961 bis 1969 Politikwissenschaft an den Universitäten Göttingen, Saarbrücken und Frankfurt am Main. Seitdem lebt er als freier Wissenschaftler und Schriftsteller in Göttingen. Buchveröffentlichungen u. a. »Die Deutschen in ihrem Jahrhundert« (1990), »Fahrten durch die Mark Brandenburg« (1991), »Von deutschen Mythen« (1995), »Die preußischen Brüder« (1996), »Die Elbreise« (1996), »Bismarck. Eine Biographie« (1997), »Die Rheinreise« (1998), »Churchill. Eine Biographie des 20. Jahrhunderts« (1999).

Christian Graf von Krockow

Vom lohnenden Leben

Ein Wegweiser für junge und ältere Leute

Deutscher Taschenbuch Verlag

Oktober 1999
Deutscher Taschenbuch Verlag GmbH & Co. KG,
München

(ISBN 3-421-05049-x)
Umschlagkonzept: Balk & Brumshagen
Umschlagfoto: © Kehrer/ZEFA
Satz: Fotosatz Amann, Aichstetten
Gesetzt aus der Garamond 10/12' (QuarkXPress)
Druck und Bindung: C. H. Beck'sche Buchdruckerei,
Nördlingen
Gedruckt auf säurefreiem, chlorfrei gebleichtem Papier
Printed in Germany · ISBN 3-423-36158-1

Inhalt

Vorwort

Dieses Buch stammt aus den Erfahrungen eines siebzigjährigen Lebens. Sein Vorsatz läßt sich in vier Worte fassen: Es will Ratschläge geben.

Aber haben das die wirklich oder vermeintlich Weisen nicht seit jeher versucht? Immer hören wir von den Tugenden, die wir ein- und ausüben sollen. Und nicht selten handelt es sich um Bußpredigten: Nur deine Umkehr kann dich und die Welt erretten.

Davon wird hier nicht die Rede sein. Die Ziele sind bescheidener oder, wenn man so will, selbstsüchtiger gesteckt. Es geht darum, daß das Leben interessant sein soll, daß es interessant bleibt und daß man im Rückblick von ihm sagen kann: Es hat sich gelohnt.

Leider ist das selten der Fall. Dann und wann treffe ich Menschen, mit denen ich einst jung war, und die Begeisterung des Erinnerns schäumt herauf: »Weißt du noch – damals?« Ja, damals gab es die großen Hoffnungen, die Träume. Doch was ist aus ihnen geworden? Eine Familie wahrscheinlich, in der man sich kaum noch etwas zu sagen weiß, ein Haus, an das man sich gekettet hat, der wohlerworbene Pensionsanspruch. So zeigt sich als Kehrseite der Begeisterung eine freudlose Gegenwart, und keine Spielart von Neugier lockt mehr in die Zukunft.

Aber muß es so sein?

Oft auch und erst recht stimmen mich junge Leute traurig, die mir begegnen. Gleich, ob sie sich in den Wirbel ihrer »Selbstverwirklichung« stürzen, ob sie brav sind und fleißig arbeiten, um Karriere zu machen, oder »cool« ihre Abenteuer planen: Sie drängen einem Bescheidwissen zu, das jede Neugier erstickt, der Vergreisung entgegen, so als sei sie die Rettung vor einem Leben, das seine Enttäuschung längst in sich trägt.

Nein, denke ich, es wäre Besseres möglich.

Manchmal sagen die jungen Leute: »Ich höre so viele Versprechungen und glaube an keine.« Oder: »Ich habe Angst vor der Zukunft.« Das ist gut zu verstehen. Früher einmal waren beinahe alle Lebensverhältnisse für die Dauer gemacht oder änderten sich nur unmerkbar langsam; jeder wußte, woran er sich zu halten hatte. Heute kann niemand sagen, was in zwei oder fünf, geschweige denn in zwanzig, in fünfzig Jahren sein wird. Oder steht gar die Katastrophe, der Weltuntergang bevor?

Ach zum Teufel: Daß zu ihren Lebzeiten der jüngste Tag, das große und abschließende Gottesgericht anbrechen werde, haben schon die ersten Christen geglaubt – und sich darauf eingerichtet. Doch der fromme Martin Luther und der Skeptiker Voltaire waren sich einig: Wenn morgen das Ende kommt, soll man jetzt einen Apfelbaum pflanzen. Oder, um die Geschichte von einem alten französischen Marschall zu erzählen: Der bat seinen Gärtner um einen Baum. »Denn ich liebe es, in seinem Schatten den Nachmittag zu verbringen.« Der Gärtner antwortete, daß es siebzig oder achtzig Jahre dauern werde, bis mit dem genügenden Schatten zu rechnen sei. Darauf der Marschall: »Dann ist keine Zeit zu verlieren! Pflanze den Baum heute nachmittag!«

In solch einem Sinne will dieses Buch raten, hier oder dort warnen und vor allem ermutigen.

Ich weiß übrigens nicht recht, ob nun von Tugenden die Rede ist oder wovon sonst. Die Klugheit zum Beispiel wird ihnen zugerechnet, die Neugier oder die Zärtlichkeit kaum. Bleiben wir dabei: Es handelt sich schlicht um Ratschläge für ein lohnendes Leben. Ihnen voraus seien zwei Weisheiten genannt, die man vielleicht als Wegweiser verwenden kann.

Picasso hat gesagt: »Die meisten Menschen brauchen sehr lange, um jung zu werden.« Es ist also nie zu spät, um damit anzufangen. Aber noch heute nachmittag sollte es sein.

Die jungen Leute, wenn sie wieder einmal und mit Recht über die Alten sich ärgern, mögen sich an Georg Christoph Lichtenberg* halten: »Darin besteht der Fortschritt der Welt, daß jede ältere Generation von der Jugend behauptet, sie tauge nichts mehr.«

* Stichworte zu den Namen findet man im Verzeichnis ab Seite 183.

Von der Neugier

Ein Ehepaar adoptiert ein chinesisches Baby. »Aber warum gerade ein chinesisches?« fragen die Nachbarn, die Freunde. »Meine Frau und ich interessieren uns für China, und wenn das Kind dann zu sprechen beginnt, lernen wir mit ihm gleich mit«, lautet die Antwort.

Daß sie absurd ist, liegt auf der Hand. Wie der Esel zu einem »I-A« wird zwar das Lämmchen immer zum »Mäh« finden, auch wenn es ganz ohne Schafseltern aufwächst. Doch für Menschenkinder gilt das gerade nicht. Es gibt unzählige Sprachen, und keine ist uns von der Natur vorgegeben. Jede stellt sich als das Kunst- oder Kulturprodukt einer Sprachgemeinschaft und ihrer Geschichte dar; also müssen wir sie mühsam erst lernen, wie beinahe alles, was uns zum Leben befähigt. »Der Mensch ist der erste Freigelassene der Schöpfung«, hat Johann Gottfried Herder gesagt. Und darum kommen wir höchst unfertig, gleichsam als Frühgeburten auf die Welt, darum dauern unsere Kindheit und Jugend viel länger als bei den Tieren.

Gottlob hat uns die Natur jedenfalls für das Lernen gerüstet. Als unsere Vorfahren sich aufrichteten und zu Zweibeinern wurden, entlasteten sie ihre anderen Beine zu Armen und die Vorderpfoten zu Händen. Auf diese Weise entwickelte sich unser erstes und noch immer wichtigstes Werkzeug, mit dem man wiederum Werkzeuge herstellen kann, etwa um eine Behausung zu schaffen, um Kleider zu nähen oder zu säen und zu ernten. Mit den Händen be-greifen wir im Wortsinne, und es ist leicht zu verstehen, daß wir ohne solches Begreifen es auch als Verstandeswesen nicht sehr weit gebracht hätten. Denn erst im Zusammenspiel mit dem handfest praktischen Tun entstehen die »Aha«-Erlebnisse: So also funktioniert das. Kleinkinder im Krabbelalter bereiten sich aufs Begreifen zumindest dadurch schon vor, daß sie zum Entsetzen ihrer Eltern alles in den Mund stecken, um die Dinge zu erriechen und zu erschmecken.

Vielleicht noch wichtiger ist die uns angeborene Neugier. Kinder, wenn sie nur im geringsten ermutigt werden, entwickeln unbändige Frage-Energien: Woher? Wohin? Warum, warum, warum? Daß sie dann als Plagegeister erscheinen und die von ihren Tagesgeschäften bereits müden Erwachsenen noch mehr ermüden, liegt freilich nahe. Und nur zu leicht folgt die Entmutigung: »Laß mich in Ruhe, du siehst doch, daß ich zu tun habe!« – »Das verstehst du noch nicht.« – »Frag' nicht so dumm!« Wer macht sich schon klar, daß er gerade damit zum Dummbleiben und Dumpfwerden seiner Kinder beiträgt?

Etwas später, in der Schule, geht es kaum besser zu. Viel zu früh und zu einseitig wird in der Regel das Zusammenspiel zwischen den Händen und dem Kopf unterbrochen, das zum Begreifen führt, und viel zu oft kommt es auf die vom Lernplan vorgefertigten Antworten an, die die Kinder gerade nicht interessieren.

Ob beabsichtigt oder nicht: Ein Hauptteil aller Erziehung besteht darin, uns die Neugier abzudressieren. »Da ich ein Kind war, da redete ich wie ein Kind und war klug wie ein Kind und hatte kindliche Anschläge; da ich aber ein Mann ward, tat ich ab, was kindisch war«, heißt es beim Apostel Paulus. Oft aber handelt es sich um einen zweifelhaften Fortschritt; wenn zum Kind- und zum Jungsein so wesentlich die Neugier gehört, bewahren wir Jugendlichkeit nur in dem Maße in uns auf, in dem wir von der Neugier nicht ablassen.

Immerhin war es die Natur, die uns mit der Neugier ausstattete, und darum ist es nicht leicht, sie ganz zu ersticken. Unter allen Überkrustungen glüht sie noch, wie ein Vulkan unter Lavagestein und Asche; man muß ihr nur zum Durchbruch verhelfen. Kein »Zu spät!« sollte uns abschrecken, und ein Beispiel mag zur Ermutigung helfen.

»Als ich zum erstenmal nach Shanghai kam, war ich wie jeder junge Mensch voller Neugier und bereit, die ganze Welt in mich aufzunehmen. Ich hätte irgend jemand aus meiner Generation aus Amerika sein können, wie meine Vorfahren durch irgendeinen Pioniertraum, irgendeine namenlos lockende Freiheit nach Westen gezogen, um das Glück zu suchen oder dem Wissen ›wie ein sinkender Stern‹ bis in die untergehende Sonne nachzujagen. – Ich war zweiundzwanzig, und ich hatte mit Spekulationen an der Wall Street ein paar Dollar verdient – gerade genug, so dachte ich, um bei entsprechender Sparsamkeit ein Jahr lang um die Welt zu reisen und etwas erleben zu können. Ich hatte vor, nach Ablauf dieses Jahres nach New York zurückzukehren, noch vor meinem dreißigsten Geburtstag ein Vermögen zu scheffeln und mich dann ganz auf das ruhige Leben eines Forschers und Schriftstellers zu konzentrieren. Es sah 1928 wirklich so einfach aus.«

Mt diesen Sätzen beginnen die Lebenserinnerungen von Edgar Snow, einem der großen Entdecker unseres Jahrhunderts. Bei seinen Reisen kreuz und quer durch das »Reich der Mitte« stieß er ein paar Jahre später auf einen Mann, der weitab der Städte in einer unscheinbaren Lehmhöhle hauste und von dem außerhalb Chinas noch niemand etwas wußte: auf Mao Tsetung. Daß der zum Weltenerschütterer bestimmt war, hat Snow erkannt und davon berichtet.

Aber wir müssen nicht erst um die halbe oder die ganze Welt, nicht bis nach China fahren, um das Verblüffende und Staunenswerte zu entdecken. Es wartet überall, gleich um die nächste Ecke, dicht unter dem Alltäglichen oder womöglich schon in uns selbst. Wir müssen ihm bloß auf die Spur kommen.

Zu dieser Feststellung gesellt sich indessen ein Zweifel. »Wie jeder junge Mensch voller Neugier?« Das, verehrter Edgar Snow, entspricht den Tatsachen schwerlich. Die meisten nicht nur der älteren Leute erweisen sich als Frühpensionäre der herrschenden Verhältnisse, der Gewohnheiten, Vorstellungen und Moden, der Tugenden und Untugenden; sie sind eingewachsen in die Urteile oder Vorurteile, die sie umgeben.

Falls das aber zutrifft, entsteht die Frage: Wie halten wir die Neugier wach oder wecken sie auf? Mein Ratschlag lautet: *Nimm nichts für selbstverständlich, was sich so darstellt.* Denn das ist es nicht. Wie schon angedeutet, gehört zum Menschen, daß weniges ihm »natürlich« vorgegeben ist; beinahe alles könnte anders aussehen, als es sich zeigt.

Und wie befreien wir uns aus dem Gewohnten, das uns umschließt wie hundertjähriges Heckengerank das schlafende Dornröschen? Dafür gibt es verschiedene Möglichkeiten. Eine besteht darin, daß wir uns leibhaft entfernen. Aus dem Abstand lernen wir neu und mit anderen Augen sehen. Nicht nur die Chinesen, sondern auch die Amerikaner, die Franzosen, die Niederländer oder die Polen leben und urteilen in vieler Hinsicht nicht so wie wir. In diesem Sinne gilt noch immer, daß Reisen bildet – unter der Voraussetzung allerdings, daß wir uns wirklich auf die Entfernung einlassen und die Bezirke meiden, in denen samt Weißbier, Frankfurter Würstchen, Kartoffel- und Sprachensalat anheimelnd dargeboten wird, was wir mit Mühe und Kosten hinter uns brachten.

Eine weitere oder ergänzende Möglichkeit besteht darin, daß wir uns auf Zeitreisen einlassen, zum Beispiel mit der Hilfe von Büchern. Indem sie von Lebensverhältnissen erzählen, die nicht mehr die unseren sind, gewinnen wir wieder den Abstand zum Gewohnten, auf den es ankommt. Wir erleben, wie seltsam, wie wenig selbstverständlich es tatsächlich ist. Um den Mißverständnissen vorzubeugen, sei hinzugefügt: Die Entfernung muß keineswegs dazu führen, daß wir fortan gering einschätzen oder gar verachten, woher wir stammen. Im Gegenteil kann das Ergebnis sein, daß wir besser erfassen und sogar lieben lernen, worin wir heimisch sind. Denn was sich nicht mehr von selbst versteht, wird als zerbrechlich, als schutzbedürftig erkennbar und ergreift unser Herz.

Neben den Reisen im Raum und in der Zeit sind natürlich die Menschen wichtig, mit denen wir umgehen. Gleich und gleich gesellt sich gern; gemeinhin halten wir uns zu denen, die uns bestätigen. Doch so bequem das sein mag, es fördert eher das bornierte Bescheid- und Besserwissen als die Wißbegier. *Suche dir ungleiche Partner*, heißt daher ein zweiter Ratschlag. Der ungleiche Partner kann uns bereichern – und sei es im Widerspruch. Nur von ihm lernen wir etwas, hören Neues, begegnen Erfahrungen, die nicht die unseren sind.

Womöglich sollte man sogar von den Lehrern sprechen, die wir brauchen. Das mag zwar altmodisch klingen, aber es muß sich ja nicht um die beamteten handeln, sondern vielleicht um einen kauzigen alten Mann oder um kluge Frauen. Um die wohl vor allem.

Ein guter Lehrer tut sich gerade nicht damit hervor, daß er auf alles eine Antwort hat. Statt dessen stellt er Fragen, weckt Zweifel am Gewohnten, lockt aus seinen Käfigen ins Freie und Unbekannte hinaus. Was wir lernen, ist in erster Linie, daß die Dinge, die Verhältnisse, das Leben anders und komplizierter sind, als wir es uns vorgestellt haben. So wird die Neugier geweckt, hinter die Spiegel zu schauen.

Leider gibt es Leute, die uns davon abhalten wollen. Ängstlich klammern sie sich ans Gewohnte und halten Sprüche bereit, die das rechtfertigen sollen. »Es ist nicht gut, wenn man seine Nase in fremde Angelegenheiten steckt«, sagen sie. »Man handelt sich nur Ärger ein.« Oder: »Was ich nicht weiß, macht mich nicht heiß.« Vielleicht meinen diese Leute es gut und wollen uns beschützen wie die Glucke ihre Küken. Vielleicht aber wollen sie uns nur am Gängelband halten und verhindern, daß wir flügge werden. Jedenfalls gedeiht mit den Redensarten die Einschüchterung. *Habe Mut, dich deines eigenen Verstandes zu bedienen!* heißt dagegen der Wahlspruch der Aufklärung und der Ratschlag des wahren Lehrers, hier des großen Philosophen aus Königsberg, Immanuel Kant.

Vom Mut und von den Ängsten muß man freilich genauer reden. Man kann den Mut nicht herbeipredigen und erst recht die Ängste vor dem Fremden nicht hinwegbeschwören – wie manche Befürworter der »multikulturellen Gesellschaft« es leichthin versuchen –, so als dürfte es diese Ängste nicht geben. Wahrscheinlich handelt es sich um ein uraltes Erbgut, das bis zur menschlichen Urhorde zurückreicht – oder noch weiter bis ins Tierreich. Der fremde Artgenosse ist ein Konkurrent um Jagdgründe, Weideflächen und Nistplätze; von ihm droht keine eingebildete, sondern die wirkliche Gefahr; man muß ihn bekämpfen und zurücktreiben, wenn er die Reviergrenzen überschreitet. Allenfalls mit Hilfe eines sorgfältig absichernden und dabei zweideutigen Rituals kann man mit ihm umgehen.

Übrigens gibt es dieses Ritual noch heute, jedenfalls bei Staatsbesuchen. Der Herr Präsident aus Moskau oder dem Senegal wird mit Salutschüssen aus Kanonen und einem Wachbataillon empfangen, das seine Gewehre »präsentiert« – also sie demonstrativ vorzeigt. Darin versteckt sich die Warnung: Wir sind stark; hüte dich, uns zu nahe zu treten. Der Herr Präsident wiederum, indem er die Front des Bataillons abschreitet und sich vor seiner Fahne verneigt, gibt zu erkennen, daß er die Warnung verstanden hat. Andererseits treten kleine Mädchen auf, die Blumen überreichen. Wir sind lieb, wird damit gesagt, und du darfst uns vertrauen.

Um den Sachverhalt noch in eine andere, weniger urtümliche Perspektive zu bringen: Zur klassischen deutschen Bildungsidee gehörte einmal, daß wir nebelumsponnenen Nordmenschen das mediterrane Gegenlicht und die Begegnung mit der Antike brauchen, um zu uns selber zu finden. Das war eine ebenso edle wie fruchtbare Vorstellung, der wir sehr viel verdanken. Beschwörend hat noch Heinrich Heine von ihr gesprochen, als der aufkommende Nationalismus sie bedrohte:

»Der Patriotismus des Deutschen besteht darin, daß sein Herz enger wird, daß es sich zusammenzieht wie Leder in der Kälte, daß er das Fremdländische haßt, daß er nicht mehr Weltbürger, nicht mehr Europäer, sondern nur ein enger Deutscher sein will. Da sahen wir nun das idealische Flegeltum, das Herr Jahn« – der Turnvater – »in System gebracht; es begann die schäbige, plumpe, ungewaschene Opposition gegen eine Gesinnung, die eben das Herrlichste und Heiligste ist, was Deutschland hervorgebracht hat, nämlich gegen jene Humanität, gegen jene allgemeine Menschenverbrüderung, gegen jenen Kosmopolitismus, dem unsere großen Geister, Lessing, Herder, Schiller, Goethe, Jean Paul, dem alle Gebildeten in Deutschland immer gehuldigt haben.«

Aber diese klassische deutsche Bildungsidee war eben für die Gebildeten, für Eliten gemacht, kaum für den Durchschnittsbürger in seiner alltäglichen Existenz. Und womöglich gibt es den Unterschied noch heute: Diejenigen, die uns »multikulturell« beglücken möchten, sind es in der Regel gerade nicht, mit denen die herbeiströmenden Türken um Wohnungen und Arbeitsplätze konkurrieren, und ihre Kinder besuchen kaum die Schulen, die dann mit den Abkömmlingen aus der Fremde sich füllen.

Durchaus ähnlich ist es mit den Gewohnheiten, die uns umstellen. Wir brauchen sie bei uns selbst wie bei den Menschen, mit denen wir umgehen, um durchs Getümmel des Alltagslebens zu steuern. Die Gewohnheiten helfen dazu, daß eine Verhaltenssicherheit entsteht: Ohne zu zögern, gewissermaßen automatisch richten wir uns aufs Gebotene ein und können das auch von den anderen erwarten. Müßten wir dagegen von Situation zu Situation erst entscheiden, was zu tun ist, und erraten, was der andere tun wird, so wären wir hoffnungslos überfordert; wir würden in einem Alptraum versinken und der Lähmung verfallen – wie jener Tausendfüßler, der gefragt wurde: »Wie machen Sie das, daß Ihre Beine nicht durcheinander geraten?« Darüber grübelnd kann sich die unglückliche Kreatur nicht mehr vom Fleck rühren.

Aufs bekömmliche Maß, auf die rechte Mischung von Bekanntheit und Fremdheit kommt es also an, wenn die Neugier gedeihen soll. Vielmehr, genauer: Je größer das Selbstvertrauen ist, mit dem wir uns im Gewohnten bewegen, desto weniger werden wir von Ängsten geplagt. Und desto leichter fällt es, sich ins Unbekannte hinauszuwagen. Einmal mehr und exemplarisch kann man diese Wechselwirkung schon bei Kindern beobachten. Wenn sie von Anbeginn Liebe und Geborgenheit erfahren, erblüht ihre Neugier. Wenn aber zum Beispiel die Eltern sich zerstreiten und die Geborgenheit zerbricht, klammern sie sich verzweifelt an die Trümmer, ans Treibgut des Gewohnten, das ihnen noch bleibt. Und der Anschein eines frühreifen Bescheidwissens, mit dem dann die Heranwachsenden sich umhüllen – samt der Aggressivität, die hervorbricht, wenn man daran rührt –: Dieser Anschein bildet nur die Kehrseite abgründiger Ängste.

Aber was können wir dazu tun, daß wir aus eigenem Vermögen das Zutrauen und die Selbstsicherheit bewahren oder herstellen, auf die es offenbar ankommt? Das ist eine Kernfrage unserer Existenz, und darum bitte ich um Geduld; die Suche nach Antwort wird uns noch vielfach beschäftigen. Was sich hier schon zeigt, ist die Tatsache, daß kein Ratschlag etwas taugt, wenn man ihn isoliert und von den Zusammenhängen, den »Vernetzungen« ablöst, die unser Leben bestimmen. Immer wieder sollte man sich daran erinnern. Als Ratschlag formuliert: *Klammere dich nicht an die vereinzelte Einsicht!* Denn jede Klugheit verkehrt sich zur Torheit, wenn man sie für das Ganze nimmt, das sie nicht ist. So mit Vorsicht gewappnet, mag dennoch ein Loblied auf die Neugier dieses Kapitel beschließen.

Neugierig zu sein ist ein Merkmal, das Vorrecht der Jugend. Darum bewahren wir uns einen Anteil am Jungsein bis ins Alter, solange wir neugierig bleiben.

Neugier versetzt uns aus Langeweile und Überdruß in die Spannung hinein: Was werden wir entdecken, auf welche Schönheiten oder Schrecken stoßen, welche Ausblicke gewinnen? Nichts gegen Kreuzworträtsel oder Kriminalserien, die uns die Zeit vertreiben. Aber das Leben selbst ist voll von den Rätseln, die darauf warten, daß wir sie lösen.

Neugier schützt vor dem Einsamwerden. Denn überall gibt es Menschen, die sich aufschließen, sobald sie spüren, daß sie uns wirklich interessieren.

Die Neugier macht reicher. Denn sie führt uns in Schatzkammern von Einsichten und Erfahrungen, die uns verborgen bleiben, wenn wir sie nicht suchen.

Bei alledem erkennt man auch etwas von der Wechselwirkung, von der wir gerade gesprochen haben. Denn wenn wir Selbstsicherheit brauchen, um neugierig zu sein, dann gilt umgekehrt: Indem die Neugier uns jung erhält, in Spannung versetzt, mit Menschen zusammenführt und reicher macht, gewinnen wir Selbstbewußtsein.

In einem Satz: *Die Neugier hilft uns zum lohnenden Leben.*

Vom Mündigwerden

Wenn wir uns einen Anteil am Zauber der Jugend bewahren, solange wir neugierig bleiben, dann gilt ähnliches, nur in der Gegenrichtung, vom Reifwerden. Wie zum guten Wein gehört zum Älterwerden das Ausreifen, das die Gärung hinter sich läßt.

Offenbar gelingt dieses Reifwerden höchst unterschiedlich. Manche jungen Leute erweisen sich als frühreif – und bleiben dann in diesem Zustand stehen, ohne jemals Frucht zu tragen. Andere reifen bedächtig und spät. Manche reifen überhaupt nicht; sie wollen ewig jung bleiben, aber sie welken dahin und bemerken gar nicht, wie sie tief und immer tiefer ins Lächerliche geraten.

Vielleicht liegt darin sogar eine eigentümliche deutsche Gefahr. »Rein bleiben und reif werden!« hieß der Wahlspruch der Jugendbewegung, der dem Kultbuch des Ersten Weltkrieges entstammte, dem »Wanderer zwischen beiden Welten« von Walter Flex. Doch diese Verbindung gelingt nicht. Zum Reifwerden gehört, daß man geduldig wird und sich aufs Unreine, auf die Kompromisse mit dem Unvollkommenen einläßt, die das Leben mit sich bringt. Nur die Jugend hat das Vorrecht, das abscheulich zu finden.

Mein Lehrer, der Philosoph Helmuth Plessner, hat darum den Wahlspruch zornig kommentiert: »Er heißt auf schlecht deutsch: Rein bleiben und niemals reif werden!« Oder um es mit dem Schriftsteller Heimito von Doderer positiv zu sagen: »Reif ist, wer auf sich selbst nicht mehr hereinfällt.«

Natürlich gibt es die äußeren Kennzeichen. »Reifezeugnis«

hieß einmal das Abitur. Und sozusagen mit dem Glockenschlag unseres achtzehnten Geburtstags werden wir für mündig erklärt. Fortan dürfen wir wählen, und Männer dürfen entscheiden, ob sie den Wehr- oder den Zivildienst leisten wollen. Vor allem dürfen wir unsere Rechtsgeschäfte selbständig führen; wir sind nun für uns selbst verantwortlich. Ob wir dazu fähig sind, wird nicht gefragt; es ließe sich auch nur schwer und kaum ohne Willkür feststellen. Einzig im Strafrecht nimmt man es genauer und versucht zu ergründen, ob jemand noch als Jugendlicher oder schon als Erwachsener gelten soll.

In vieler Hinsicht handelt es sich um eine willkürliche Grenzlinie. Die heutige Regelung wurde erst am 1. Januar 1975 eingeführt. Vorher mußte man das 21. Lebensjahr vollenden, um volljährig zu sein, während in der DDR schon das 18., in Österreich das 19. und in der Schweiz das 20. Jahr galt.

Im Rückblick erkennt man eine Tendenz zur Verjüngung; einst waren viele Möglichkeiten ans 25. Jahr oder ein noch höheres Alter gebunden. Und die Hälfte der Menschheit erreichte die Schwelle der Mündigkeit überhaupt nicht. Als vollgültige Frau mußte man verheiratet sein – und geriet eben damit unter die Vormundschaft des Mannes. Man könnte also von einer Bewegung zur Freiheit und Gleichheit sprechen; inzwischen reden die Freunde des Fortschritts schon vom 16. Lebensjahr. Im seltsamen Kontrast steht dazu die Tatsache, daß der Beginn der Erwerbstätigkeit hinaufrückt, der doch auch etwas mit dem Selbständigwerden zu tun hat. 1895 lag er bei durchschnittlich 15,5, 1970 bei 19 Jahren, und inzwischen steuern immer mehr Studenten auf das 30. Jahr zu. Sarkastisch gesagt bewegen wir uns dem schönen Zustand entgegen, in dem der Eintritt ins Berufsleben mit der Frühverrentung zusammenfällt.

Aber wir wollen ja ernsthaft bleiben und jetzt das Mündigwerden von innen her ausleuchten. Wie schwierig es ist, erkennt man am Vergleich. Viele der einfacher organisierten Tiere schlüpfen fertig aus dem Ei, und niemand kümmert sich dann mehr um sie, es sei denn ihre Freßfeinde. Alles, was sie zum Leben brauchen, ist ihnen in ihren Genen oder, wie man früher sagte, in ihrer Instinktausstattung schon vorgegeben. Doch je höher auf der Entwicklungsleiter hinauf, desto mehr wird die Brutpflege notwendig – und desto länger dauert sie. Auch Lernprozesse setzen ein, besonders bei Jagdtieren. Fuchs- oder Gepardenkinder müssen ihren Müttern abschauen, worauf es ankommt.

Darin liegt eine große Schwierigkeit beim Auswildern von Tierjungen, die unter menschlicher Obhut aufwachsen. Sie verfangen sich sozusagen in ihrer Unmündigkeit; niemand bringt ihnen bei, wie man selbständig Beute macht. Bei gesellig lebenden Tieren wird im übrigen die soziale Anpassung wichtig. Die biologische Geschlechtsreife garantiert zum Beispiel noch nicht, daß sie ausgeübt werden kann. In oft heftigen Kämpfen um den Aufstieg in der Rangordnung muß der Anspruch auf die geschlechtliche Aktivität gegen die älteren, zunächst einmal mächtigeren Monopolinhaber erst durchgesetzt werden.

Beim Menschen vervielfachen sich die Schwierigkeiten und geraten ins Prinzipielle. Wie schon gesagt wurde: Kein anderes Lebewesen kommt so hilflos und unfertig auf die Welt; bei keinem dauert die Jugendphase so lange. Die Natur schweigt, statt uns mit Anweisungen zu versorgen. Aber dieses Schweigen ist die Bedingung unserer fast unbegrenzten Lern- und Anpassungsfähigkeit. »Naturaliter maiorennes«, von der Natur von ihrer Leitung freigesprochen, hat Immanuel Kant uns genannt.

Zur Kehrseite gehört die vollkommene Abhängigkeit von anderen, älteren Menschen, in die wir zunächst einmal geraten. Im glücklichen Falle erfährt das Kind diese Abhängigkeit als Liebe, als die zuverlässige, zärtliche Zuwendung seiner Eltern. Aus der Liebe wächst ein Vertrauen darauf, geborgen und behütet zu sein – und daraus das Zutrauen zu den ersten, neugierig erkundenden eigenen Schritten aus der Nähe in die Weite, in die Welt hinein.

Doch ein Konflikt bereitet sich vor, unterirdisch und kaum bemerkbar zunächst. Plötzlich ist er da, wie der Dieb in der Nacht; irgendwann entdeckt das Kind, daß die Eltern, wie überhaupt die älteren Leute, weder allwissend noch allmächtig oder unfehlbar sind und daß sie Interessen haben, die mit den eigenen nicht mehr, immer weniger übereinstimmen. Das Behütetsein beengt wie der Anzug, aus dem man herauswächst. Warum denn soll man sich nicht mit den Nachbarskindern zusammentun, von denen man so vieles erfährt, wovon zu Hause nicht gesprochen wird? Warum schon zu Bett gehen, obwohl man noch gar nicht müde ist? Ja, warum, warum? Heimlichkeiten entstehen, Ausreden und Notlügen. Gegensätze brechen nicht von ungefähr auf, sondern sie werden zunehmend und stets gezielter gesucht, denn aus der umsorgten, nun aber erstickenden Enge möchte man ausbrechen ins eigene Leben. Und wenn man erst erfährt, daß man darauf ein Recht hat, dann müssen die Eltern, die Lehrer und überhaupt die älteren, eigentlich uralten Leute mit ihren längst schon überholten, verstaubten Ansichten ins Unrecht gesetzt werden.

Dies alles ist notwendig, selbst wenn sich hüben und drüben die Bitterkeit einmischt; kein anderer Weg führt zum Mündigwerden. Darum heißt mein Ratschlag für junge Leute: *Suche den Widerstand und erprobe dich an ihm.*

Die amerikanische Unabhängigkeitserklärung von 1776 hat epochemachend das Grundrecht jedes Menschen auf »Leben, Freiheit und das Streben nach Glück« proklamiert. Gemeint waren das eigene Leben, die eigene Freiheit und das eigene, unveräußerliche Streben nach Glück. Und nicht umsonst ist von einer Unabhängigkeitserklärung die Rede. Es ging ums politische Mündigwerden, um die Aufkündigung der Vormundschaft, die die britische Verwaltung durchaus nicht kleinlich, sondern mit Wohlwollen ausübte, seit die ersten Siedler ins Land kamen und Kolonien begründeten.

Das Beispiel läßt sich übertragen: jeder von uns hat sein

Grundrecht aufs Mündigwerden. Und wenn, wie damals die Briten, die Kolonialmacht nicht nachgeben will, dann muß eben ein Unabhängigkeitskrieg geführt werden. Darum schließt gleich der Rat sich an: *Laß dich von nichts und niemandem beirren,* weder vom Zorn oder von den Machtdemonstrationen derer, von denen du deine Freiheit einforderst, noch von ihrem Wehklagen, ihrem Enttäuschtsein, ihrer Fürsorge und Liebe. Und ich füge sogar hinzu: Gerade davor muß man sich womöglich noch mehr hüten als vor dem Zorn und den Strafaktionen. Wer die Enttäuschung vermeiden will und sich in die liebevolle Fürsorge einbetten läßt, weil sie so bequem ist, der bleibt ein Muttersöhnchen sein Leben lang. Für den gilt wirklich die Formel von Helmuth Plessner: »Rein bleiben und niemals reif werden!«

Da wir eben schon Politik und Geschichte berührten, sei eine Nebenbemerkung erlaubt. Auch für Gruppen, für Völker gibt es Zeiten der Vormundschaft und die Frage, wie man sich daraus befreit. Die Antwort lautet, sehr kurz gefaßt: Um als Nation mündig zu werden, muß man der Vormundschaft von Gottes oder eigenen Gnaden den Gehorsam aufkündigen, muß man einen König köpfen oder ihn als Tyrannen fortjagen und sich aus eigener Kraft zur Unabhängigkeit durchkämpfen. Das zeigen die Beispiele älterer westlicher Demokratien. Man denke an den Rütli-Schwur und die Tell-Saga der Schweizer Eidgenossen, an den Freiheitskampf der Niederlande gegen Habsburg-Spanien, die »glorreiche« Revolution in England und die große in Frankreich, an die gerade genannte Unabhängigkeitserklärung und den Unabhängigkeitskrieg der Vereinigten Staaten. Das Selbstverständnis, das Selbstbewußtsein und die Freiheitsliebe der Nationen sind in diesem Kampf um das Mündigwerden begründet worden.

In der deutschen Geschichte ist das Vergleichbare leider nicht gelungen. Immer mußten sich Untertanen in den übermächtigen und besonders in Preußen beispielhaft leistungstüchtigen

Obrigkeitsstaat fügen. Die Bürgerrevolution von 1848 scheiterte, und die Reichsgründung, die Herstellung der nationalen Einheit geriet wieder zum Triumph des alten Staates im Glanz seiner siegreichen Waffen. Von den Folgen wird in anderen Kapiteln noch zu reden sein, zum Beispiel in dem über die Höflichkeit. Erst im Herbst 1989 ist das bisher Unerhörte geschehen: Mit Zivilcourage hat eine Bürgerbewegung die zu perfekter Vormundschaft organisierte Staatsmacht der DDR zum Einsturz gebracht und ihre selbsternannten Vormünder verjagt. Daraus ist die Wiedervereinigung, unser zweiter Nationalstaat entstanden, und darauf ließe sich bauen, daraus unser politisches Mündigwerden entwickeln – sofern wir es wollen.

Aber wie sieht es auf der anderen Seite aus? Was soll man den Eltern, den Lehrern, den Vormündern sagen, die es doch gibt und in alle Zukunft hinein geben muß, weil wir die einfach organisierten Kreaturen eben nicht sind, die überlebenstüchtig, mit genauen Anweisungen versehen aus ihrem Ei schlüpfen? Früher einmal, in einer aus heutiger Sicht offenbar finsteren Vorzeit, ließ sich die Antwort in zwei Worte fassen: Schaffe Gehorsam. Es war die erste und entscheidende Tugend, aus der alle anderen folgten, von der Leistungsbereitschaft und der Pflichterfüllung bis zur Tapferkeit. Bloß als Beispiel, um Anschauung zu gewinnen, lese man die Lehr-Ballade »Der Kampf mit dem Drachen« von Friedrich Schiller, unserem Nationaldichter, von dem es heißt, daß er ein leidenschaftlicher Anwalt der Freiheit war.

Der Drache hat das Volk in Schrecken versetzt und seine Herden samt den Hirten verschlungen. Schon viele Ordensritter nahmen den Kampf mit ihm auf, aber alle büßten ihren Einsatz mit dem Leben. Darauf verbietet der Ordensmeister weitere Mutproben. Ein junger Ritter wagt sich dennoch hinaus, tötet das Untier und kehrt als Sieger zurück, vom Jubel umtost. Nur der Ordensmeister hält ihm die Wahrheit, das Entsetzliche vor:

»Denn einen schlimmern Wurm gebar
Dein Herz, als dieser Drache war.
Die Schlange, die das Herz vergiftet,
Das ist der widerspenst'ge Geist,
Der gegen Zucht sich frech empöret,
Der Ordnung heilig Band zerreißt;
Denn der ist's, der die Welt zerstöret.
Mut zeiget auch der Mameluck,
Gehorsam ist des Christen Schmuck.«

Erst als der junge Ritter zu demütigem Gehorsam zurückfindet, wird ihm verziehen.

Für die Kinder galt das vierte der biblischen Gebote: »Du sollst deinen Vater und deine Mutter ehren.« – »Was ist das?« fragt Martin Luther und antwortet: »Wir sollen Gott fürchten und lieben, daß wir unsere Eltern und Herren nicht verachten, noch erzürnen, sondern sie in Ehren halten, ihnen dienen, gehorchen, sie lieb und wert haben.«

Die erwachsenen Untertanen lasen, was der Apostel Paulus ihnen in seinem Römerbrief geschrieben hatte: »Jedermann sei untertan der Obrigkeit, die Gewalt über ihn hat.« Denn sie ist von Gott verordnet. Und »wer sich nun der Obrigkeit widersetzt, der widerstrebt Gottes Ordnung; die aber widerstreben, werden ein Urteil über sich empfangen«. Das heißt: Sie werden ihrer gerechten Strafe nicht entgehen. Entsprechend wurden alle Institutionen gerühmt, die den Gehorsam einübten, von der Dorfschule, in der der Herr Lehrer mit dem Rohrstock regierte, bis zum Militär als der »Schule der Nation«.

Sogar der große Aufklärer, Immanuel Kant, rühmt den Preußenkönig Friedrich, weil der seinen Untertanen sagt: »Räsonniert so viel ihr wollt, und worüber ihr wollt; nur gehorcht!« Und weise fügt Kant hinzu, daß Friedrich es sich leisten kann, derart großzügig zu sein, weil er »ein wohldiszipliniertes zahlreiches Heer zum Bürgen der öffentlichen

Ruhe zur Hand hat«. Ein Heer, wohlgemerkt, in dem die Prügelstrafe alltäglich war.

Wo sie nicht mehr hinreichte, half die wirtschaftliche Abhängigkeit. In einer Gesellschaft, in der die große Mehrheit der Menschen auf dem Lande und von der Landwirtschaft lebte, blieb der Hoferbe ein praktisch unmündiger Knecht seines Vaters, bis der sich aufs Altenteil zurückzog. Doch das tat der Bauer so spät wie möglich, weil er wußte, daß er dann selbst in die Entmündigung zurückgestoßen wurde. Eine der Folgen war, daß oft erst sehr spät geheiratet wurde. Zum Teil galt das bis nahe zur Gegenwart, etwa in dem rückständigen Agrarstaat Irland, in dem bis vor kurzem das durchschnittliche Heiratsalter noch um zehn Jahre höher lag als im übrigen, industriell entwickelten Europa. In der Bundesrepublik ist eine Altersrente für Landwirte eingeführt worden, um die Hofübergabe zu beschleunigen. Und insgesamt kann man heute kaum mehr ermessen, welchen Fortschritt zum *Mündigbleiben* die Einführung öffentlicher Rentensysteme bewirkt hat.

Wenn ich jungen Leuten von den früheren Verhältnissen erzähle, glauben sie Märchen zu hören, die zum Gruseln erdacht sind. Offenbar haben wir es herrlich weit gebracht, besonders seit der antiautoritären Bewegung, die 1968 begann und jedes Abhängigsein zum Teufelswerk erklärte. Nur manchmal und ganz im verborgenen frage ich mich, ob wir womöglich beim Gegenextrem angelangt sind.

Warum denn, falls alles zum besten steht, zeigen sich oft schon Kinder verdrießlich – und die Heranwachsenden erst recht? Warum wächst unter ihnen einerseits die Neigung zum vorschnellen Verzagen und andererseits die zur Gewalt? Hat es vielleicht damit zu tun, daß man nirgendwo mehr seine Kräfte angemessen erproben und sich aufs Mündigwerden vorbereiten kann? Ist die Vermutung ganz und gar abwegig, daß hinter einem immer wilderen Auftreten sich die Sehnsucht nach dem Widerstand versteckt, den man nicht findet? Und müssen die jungen Leute nicht, wenn schon die Eltern und die Lehrer versagen, bis an die Grenze gehen, die zumindest die »Bullen« verpflichtet, mit ihren Polizeiknüppeln zuzuschlagen? Ich möchte hier einen Text zitieren, der am Anfang der achtziger Jahre in der Berliner »Szene« junger Hausbesetzer von Benny Härlin geschrieben wurde.

»›Hau ab, Staat!‹ steht an mancher Hauswand in Kreuzberg. Knapp und präzise. Eine Erweiterung von ›Hau ab, KOB!‹ Denn der Staat, das sind zuerst mal die Bullen ... Der Staat ist Mitte 40, glatt rasiert, vollkommen verständnislos, barsch und korrekt. Im Kampfanzug, morgens um sieben, steht er plötzlich in deinem Haus. Sie führen dich ab, fotografieren dich, geben deinen Namen über ›Monopol‹ an die Zentrale, durchsuchen das Haus und machen fiese Sprüche, wie schmutzig es hier ist ... Der Staat ist allgegenwärtig, übermächtig. Aber man kann ihn ärgern: wie den Lehrer. Er hat zwar die Macht, aber gerade deshalb ist er angreifbar. Wenn wir ihm ein Schnippchen schlagen, ihn verarschen, lächerlich machen, uns ihm verweigern. – ›Ihr habt die Macht, doch wir haben die Nacht!‹ steht am Eingang einer besetzten Kneipe.«

Das klingt so frisch und so farbig, als erzähle ein Kind vom Nachmittag auf dem Abenteuerspielplatz. Die Frage ist nur, warum sich dort noch Leute aufhalten, denen die Glocke ihres äußeren Mündigwerdens längst schon geschlagen hat. Verspätet sich ihr Reifeprozeß, unter Umständen bis zum Sankt-Nimmerleins-Tag, weil sie bereits als Kinder entbehrten, was ihnen zustand?

Mein Rat für Eltern, Erzieher und Vormünder heißt jedenfalls: *Setze Regeln – und setze sie durch.* Glaube denen nicht, die behaupten, daß Kinderseelen sich am Widerstand verletzen wie am falschen, scharfkantigen Spielzeug. Das Gegenteil ist wahr. Nicht im gleichgültigen Gewährenlassen, sondern aus der Anleitung erfahren die Kinder, daß sie uns wichtig sind.

Ein zweiter, ergänzender Ratschlag heißt allerdings: *Setze*

Regeln – und erkläre sie. Glaube denen nicht, die behaupten, daß Kinder nur aus der »natürlichen« Erfahrung etwas lernen. Menschen, sogar kleine Menschen, sind eben über die bloße Natur immer schon hinaus und dankbar für Einsichten. Gewiß, weit nachdrücklicher als alles Ermahnen wirkt die Erfahrung, daß man sich an einer heißen Herdplatte die Finger verbrennt. Aber wenn es sich darum handelt, daß man sich im dritten Stockwerk nicht zu weit aus dem Fenster beugen soll, weil man abstürzen kann, verkehrt sich die »natürliche« Erziehung ins Mörderische. In Wahrheit ist sie gar keine, sondern schmückt sich als deren Abdankung nur zeitgerecht aus.

Wenn wir bei den »Warum«-Fragen Geduld beweisen und so genau wie möglich antworten, gelangen wir vom Erklären zum Gespräch. Auch in ihm oder gerade in ihm erfahren junge Menschen, daß wir sie ernst nehmen. Freilich kann es geschehen, daß der Heranwachsende oder bereits das Kind über die besseren Argumente verfügt. Dazu taugt dann die Mahnung: *Du vergibst dir nichts, wenn du deinen Irrtum eingestehst und selbst etwas lernst.* Im Gegenteil: Eine Partnerschaft bahnt sich an, und die Regeln, die du mit Erfolg verteidigst, gewinnen um so mehr an Glaubwürdigkeit. Bitte bedenke: In solch einer Partnerschaft, nur in ihr, verliert der Kampf ums Mündigwerden seine Bitterkeit, und es ist nicht einmal auszuschließen, daß zum guten Ende die älteren und die jungen Menschen miteinander zur Reife gelangen.

Von der Klugheit

Mit der Klugheit geht es heutzutage seltsam und schäbig zu. Sie wird als eine Art Naturereignis gedeutet; man hat sie oder man hat sie nicht, denn sie stammt aus den Genen. Später wird sie am »Intelligenzquotienten« gemessen, den die beste Erziehung und Mühe ums Lernen nur wenig beeinflussen können.

Ich habe den Verdacht, daß es sich um eine ungewöhnlich törichte Auffassung von der Klugheit handelt. Nicht daß sie geradezu falsch wäre, aber sie trifft den Sachverhalt nicht, auf den es eigentlich ankommt. In älterer Zeit kannte man die Klugheit besser; ihre Geschichte erzählt zum Beispiel Gottfried August Bürger in seiner Ballade »Der Kaiser und der Abt«. Der Kaiser muß sich um die Erhaltung des Reiches plagen, der Abt aber führt ein geruhsames Leben und legt sich ein stattliches Bauchgewölbe zu. Das ärgert den Kaiser, und er gibt dem Abt drei Rätselfragen auf.

> »Und könnt Ihr mir diese drei Fragen nicht lösen,
> so seid Ihr die längste Zeit Abt hier gewesen;
> so laß ich Euch führen zu Esel durchs Land,
> verkehrt, statt des Zaumes den Schwanz in der Hand.«

Der verzweifelte Abt findet die Antworten so wenig wie die Universitätsgelehrten, die er für viel Geld um ihre Gutachten bittet. Doch zu seinem Glück trifft er den Klosterschäfer Hans Bendix; als Abt verkleidet steht er schlagfertig Rede und Antwort. Als die Maske gefallen ist, will der Kaiser ihn nun zum Abt ernennen, aber der Schäfer wehrt ab:

»Mit Gunsten, Herr Kaiser! Das laßt nur hübsch bleiben!
Ich kann ja nicht lesen, noch rechnen und schreiben;
auch weiß ich kein sterbendes Wörtchen Latein.
Was Hänschen versäumet, holt Hans nicht mehr ein.«

Der Retter ist also ein ungebildeter Mann, ein Analphabet; nur Mutterwitz und Weltklugheit zeichnen ihn aus. Immer wieder erzählen Sagen und Märchen uns solche Geschichten; der Kluge gewinnt die Hand der Prinzessin und das Königreich, indessen der Dumme schmählich abgewiesen und womöglich geköpft wird.

Sehr eindringlich redet die Bibel: »Die Toren sprechen in ihrem Herzen: Es ist kein Gott. Sie taugen nichts und sind ein Greuel in ihrem Wesen; da ist keiner, der Gutes tut. Der Herr schaut vom Himmel auf der Menschen Kinder, daß er sehe, ob jemand klug sei und nach Gott frage. Aber sie sind allesamt abgewichen und allesamt untüchtig ...«

So beginnt der vierzehnte Psalm. Jesus erzählt das Gleichnis von den klugen und den törichten Jungfrauen und sagt am Ende seiner Bergpredigt: »Wer diese meine Rede hört und tut sie nicht, der gleicht einem törichten Manne, der sein Haus auf Sand baute. Da nun ein Platzregen fiel und kamen die Wasser und wehten die Winde und stießen gegen das Haus, da fiel es und tat einen großen Fall.«

Mit dem Intelligenzquotienten haben weder die Sagen und Märchen noch die Gleichnisse etwas zu schaffen. Sie sprechen vom Wahren und Wirklichen, von den hintergründigen Kräften, die das Leben bestimmen und die Welt bewegen. Wer sie erkennt und auf sie sich einstellt, handelt klug; wer sie mißachtet, gerät ausweglos in die Dummheit, die vor dem Fall kommt. Wie aber finden wir zur Klugheit? Vielleicht mit der Weisheit des Onkels Nolte bei Wilhelm Busch:

»Das Gute – dieser Satz steht fest –
ist stets das Böse, das man läßt.«

Diese Weisheit läßt sich übertragen. Wir wüßten von der Klugheit sehr wenig ohne die Dummheit, und jede Anschauung gewinnt ihre Konturen aus dem Kontrast. Leider keimt die Dummheit aus kräftigen Wurzeln, und eine ist der Erfolg. Dafür gibt es viele Beispiele; ich wähle die Militärgeschichte.

Im Krieg von 1870 schlugen wir glorreich den »Erbfeind«. Bei Sedan wurde die französische Hauptarmee gegen die belgische Grenze gedrängt und geriet mit ihrem Kaiser Napoleon III. in die Gefangenschaft. Daraus wurden die Reichsgründung und der »Sedantag« – der einzig populäre Nationalfeiertag, den wir jemals hatten. Folgerichtig entwarf der »Schlieffenplan« für den kommenden Krieg ein gigantisches Sedan, nur seitenverkehrt: Diesmal sollte die französische Armee in ihrer linken Flanke umgangen, im Rücken erfaßt, gegen die Grenze der Schweiz gedrängt und vernichtet werden. Hierfür nahm man im August 1914 den Durchmarsch durch Belgien und die britische Kriegserklärung in Kauf. Allerdings übersah man, daß mit Repetier- und Maschinengewehren jetzt die Verteidigung triumphierte; die Kavallerie als traditionelle Angriffswaffe taugte noch zu schmucken Paraden, aber nicht mehr zur Kriegsentscheidung.

Wie für die Deutschen die Erinnerung an Sedan, wuchs dann für die Franzosen das Standhalten bei Verdun zum Mythos empor. Er wurde wiederum ins Gigantische gesteigert mit dem Bau der Maginot-Linie. So zur Verteidigung gerüstet, übersahen Frankreichs Heerführer die Panzerarmeen als neue Angriffswaffe und gerieten in die Katastrophe von 1940. Um es sarkastisch zu sagen: Generäle, wenn sie Erfolg hatten, bereiteten den vergangenen Krieg und die kommende Niederlage vor.

Ähnliches findet man im zivilen Bereich, etwa in der Wirtschaftsgeschichte. Die erfolgreichsten Automobile, die jemals gebaut wurden, waren das T-Modell von Ford und der »Käfer«

von Volkswagen. Am Ende aber haben beide ihre Hersteller fast in den Abgrund gerissen, weil man es versäumte, sich mit neuen Modellen für die Zukunft zu rüsten.

Nicht nur für Generäle oder Wirtschaftsführer, sondern für jeden von uns folgt der dringende Rat: *Mißtraue deinem Erfolg.* Denn sein Strahlenkranz blendet. Bloß den anderen, die wir hinter uns lassen, öffnet er die Augen, und bald machen sie es besser als wir. Übrigens handelt es sich nicht zuletzt um ein Problem im Spannungsverhältnis der Generationen. Wenn der Erfolg uns ins Älterwerden begleitet, kommen wir uns groß und immer größer vor und panzern uns bis zur Unbeweglichkeit mit den Erfahrungen, die wir gemacht haben – wie jener Riese von Gath, von dem die Bibel berichtet, daß er sechs Ellen und eine Handbreit hoch war.

»Und er hatte einen ehernen Helm auf seinem Haupt und einen schuppichten Panzer an, und das Gewicht seines Panzers war 5000 Lot Erz, und hatte eherne Beinharnische an seinen Schenkeln und einen ehernen Schild auf seinen Schultern. Und der Schaft seines Spießes war wie ein Weberbaum, und das Eisen seines Spießes hatte sechshundert Lot Eisen; und sein Schildträger ging vor ihm her.«

Doch dann spaziert ein Hirtenjunge namens David herbei und bringt ihn mit seiner Steinschleuder zu Fall.

Eine nahe Verwandte des Erfolges ist die Macht. Sie macht dumm, weil sie das Lernen ersetzt. Der Mächtige muß sich nicht anpassen; er zwingt andere dazu, es zu tun. Er formt die Verhältnisse und seine Untergebenen so, wie er sie haben will. Ohnehin hört der Mächtige schlecht. Was er hört, sind vor allem die Stimmen der Schmeichler. Und die haben, um ihren Herrn bei Laune zu halten, ein Interesse daran, alle Warner als böswillig, als »Flaumacher« zu verdächtigen. »Schwarzsehen dulde ich nicht!« hieß ein kaiserlich wilhelminischer Kernspruch der Dummheit.

Sehr leicht und sehr schnell gesellt sich zur Macht dann der

Hochmut. Unwillkürlich hält der Mächtige sich für klüger, ja für besser als andere. Er ist auserwählt. Wie sonst wäre er zu seiner Macht gekommen? Aber dieser Hochmut blockiert das Lernen erst recht. Um das an einer Tierparabel anschaulich zu machen:

Auf einem Pazifikatoll hatten Verhaltensforscher eine Affenherde ausgesetzt. Eines Tages entdeckte eine junge Äffin, daß das ausgelegte Futter nicht bloß sauber wurde, sondern – wegen des Salzes – auch besser schmeckte, wenn man es vor dem Verzehr im Meerwasser wusch. Bald lernten immer mehr Tiere die neue Technik. Nur der Leitbulle, der Boß, lernte nicht. Wie sollte er? Durfte er denn »zugeben«, daß ein rangniederes Tier, ein weibliches noch dazu, etwas erfunden hatte, worauf er nicht gekommen war?

Hieß der Leitbulle Erich Honecker? Die Geschichte der DDR liefert jedenfalls Anschauungsmaterial für die Verblendung, die im Monopolbesitz der Macht angelegt ist. Der Mauerbau von 1961 schaltete den Wettbewerb, die Abstimmung der Bürger »mit den Füßen« aus. Er rettete kurzfristig den SED-Staat – und programmierte ihn zum Untergang. Wie Stefan Heym gesagt hat: »Im Schatten des antifaschistischen Schutzwalls ließ sich's gut träumen, daß das sozialistische Leben in der DDR heil und in Ordnung sei; die da die Partei und den Staat führten, verschlossen Augen und Ohren gegenüber den Gedanken und Gefühlen der Menschen im Lande und beharrten auf ihren verfehlten Methoden und Schlagworten.«

Wo aber verbirgt sich der Widerstand, wenn es sichtbar bloß noch die Jubelparaden gibt? Gerade das Unsichtbare weckt vorbewußt eine Angst der Mächtigen vor dem Machtverlust, die sich bis zum Verfolgungswahn steigert. Und sehr bewußt werden die Überwachungsapparate bis zur Überperfektion ausgebaut.

Einmal mehr folgen die Klugheitsregeln aus dem Kontrast: Die Macht darf nur auf Zeit verliehen werden, sie soll dem Wettbewerb ausgesetzt sein, und es muß Instanzen geben, die sie kontrollieren, zum Beispiel eine unabhängige Justiz und eine unabhängige Presse. *Meide den Wettbewerb nicht, sondern suche ihn,* müßte daher, ins allgemein Menschliche übersetzt, ein Ratschlag zur Klugheit lauten. Immanuel Kant hat ihn so formuliert:

»Ohne jene, an sich zwar eben nicht liebenswürdige, Eigenschaften der Ungeselligkeit, woraus der Widerstand entspringt, den jeder bei seinen selbstsüchtigen Anmaßungen notwendig antreffen muß, würden in einem arkadischen Schäferleben, bei vollkommener Eintracht, Genügsamkeit und Wechselliebe, alle Talente auf ewig in ihren Keimen verborgen bleiben; die Menschen, gutartig wie die Schafe, die sie weiden, würden ihrem Dasein kaum einen höheren Wert verschaffen, als dieses ihr Hausvieh hat; sie würden das Leere der Schöpfung in Ansehung ihres Zwecks, als vernünftige Natur, nicht ausfüllen. Dank sei also der Natur für die Unvertragsamkeit, für die mißgünstig wetteifernde Eitelkeit, für die nicht zu befriedigende Begierde zum Haben, oder auch zum Herrschen! Ohne sie würden alle vortrefflichen Naturanlagen in der Menschheit ewig unentwickelt schlummern.«

Das klingt in der Tat nicht sehr liebenswürdig, und alle Rufer zum Guten predigen das Gegenteil. Wohin man aber gelangt, wenn man es mit den Schafen hält und vom »Wolfsgesetz des Kapitalismus« redet, das man überwinden will oder schon überwunden hat, zeigt das Schicksal der DDR.

Freilich gibt es ausweglose Situationen. Wir können nicht gut, um den Wettstreit zu entfachen, am gleichen Ort zwei oder noch mehr konkurrierende Stadtverwaltungen einrichten. Von den Gemeinden bis zum Gesamtstaat sind die Beamten durchweg und unausweichlich Monopolherren, und darum werden wir uns mit dem Wiehern des Amtsschimmels, mit Schildbürgerstreichen und den alljährlichen Verschwendungsberichten der Rechnungshöfe wohl abfinden müssen. Zwar hat Bismarck einen drastischen Rat erteilt: »Um eine Staatsverwaltung in tüchtigem Gang zu erhalten, müßten alle drei Jahre einige Minister, einige Generale und ein Dutzend Räte füseliert werden; man müßte alle Beamten mit dem fünfzigsten Jahre wegjagen.« Aber schon jetzt werden die Rentenkassen von den Frühpensionierungen ruiniert, und gegen das Erschießen oder sonstige Formen des Hinrichtens stemmt sich das Bundesverfassungsgericht.

Doch kehren wir von den Beamten zu den gewöhnlichen Bürgern zurück. Sofern man vom Sport und von der Popmusik absieht, ist es beinahe natürlich, daß der Erfolg, das Ansehen und vor allem die Macht weit weniger den jüngeren als den älteren Leuten zufallen. Erst vom 60. oder 65. Geburtstag an häufen sich die Bundesverdienstkreuze und die Doktorhüte, die ehrenhalber verliehen werden. Unter besonderen Umständen kann es sogar zu einer Vergreisung der Macht kommen; wohin sie führt, zeigt einmal mehr das Beispiel der DDR. Aber jeder von uns kann betroffen sein; wir haben uns an das politische Amt, an die Aufgabe und Verantwortung als Unternehmer, an das Tätigsein als Arzt, Rechtsanwalt oder Schriftsteller gewöhnt, und das Abschiednehmen fällt schwer.

Eine Tragik des Altwerdens bedroht uns. Vor vielen Jahren habe ich miterlebt, wie ein weitaus älterer, sehr angesehener und mir sehr lieber Hochschulkollege in der Evangelischen Akademie von Loccum einen Vortrag hielt. Ziellos irrte er in seinem Text umher, schweifte uferlos ab, seinen Einfällen oder Erinnerungen ausgeliefert, und überzog die Redezeit um reichlich das Doppelte. Die meisten Zuhörer schliefen ein, während ich in Angstschweiß geriet und den Tränen nahe war. Damals faßte ich den Vorsatz: Das darf dir niemals passieren.

Aber wie es vermeiden? Wer kann im voraus wissen, ob er nicht in eine Altersphase gerät, in der ihm die Selbstkontrolle entgleitet? Ein sehr dringender Rat zur Altersklugheit sollte daher lauten: *Suche dir beizeiten einen zuverlässigen Freund, der dir sagt, wann du aufhören mußt.* Bitte bedenke: Dein Ansehen wird dir gerade dann bleiben, wenn du deine Zeit nicht überziehst.

Es versteht sich, daß der Freund oder die Freundin jünger sein sollte, damit er oder sie noch rüstig und urteilsfähig ist, wenn uns die Stunde schlägt. Und da es für die eigene Einsicht keine Garantien gibt, sollte man womöglich einen Vertrag schließen, notariell beglaubigt: »Hiermit erteile ich meinem Freund Alexander Bleibtreu unwiderruflich die Vollmacht, darüber zu entscheiden, wann ich mit meiner Arbeit aufhören muß.« Ich kenne die juristischen Einwände: Käme das nicht einem Freibrief zur Entmündigung gleich? Mir geht es nur darum, daß wir den Blick auf die Alterstorheit nicht scheuen und nach der Klugheit fragen, die uns bewahrt.

Wenn wir vom Hochmut reden, bin ich auf einmal nicht mehr so sicher, welcher Altersgruppe man ihn in erster Linie zurechnen soll. Es gibt weiß Gott einen Hochmut und Starrsinn des Alters, der sich keiner neuen Erfahrung, keinem Argument mehr öffnet: »Mir soll keiner etwas über die Russen erzählen! Ich kenne sie, ich habe erlebt, wie sie 1945 hausten. Sie sind und sie bleiben Barbaren!« Dagegen gibt es eine natürliche und im Prinzip sehr bekömmliche Angriffslust der Jugend. Aber nicht immer ist es einfach, sie vom Hochmut zu unterscheiden: »Die Alten sagen: Nach uns die Sintflut. Aber wir werden die Welt erretten!« Und manchmal führt die Angriffslust geradewegs in den Wahn:

»Und mögen die Alten auch schelten,
wir lassen sie toben und schrein,
und stemmen sich gegen uns Welten,
wir werden doch Sieger sein.
Wir werden weitermarschieren,
wenn alles in Scherben fällt,
denn heute gehört uns Deutschland
und morgen die ganze Welt.«

Das schrieb der achtzehnjährige, jugendbewegte Hans Baumann 1932, und das wurde dann zum Lied der Hitler-Jugend. Ich habe den Marschgesang noch heute im Ohr, und ich weiß, wohin er uns geführt hat. Ich weiß auch, daß dieser Wahn unter sehr verschiedenen Fahnen und Vorzeichen auftreten kann. Erst im nachhinein, wenn wirklich alles in Scherben fällt, erkennt man den Teufelspakt.

Wenn jedoch der Wahn erst einmal mächtig wurde, ist guter Rat teuer, und meist hilft er überhaupt nicht mehr. Man muß den Irrwitz beizeiten abwehren, und ein Ratschlag dazu heißt: *Sieh dich vor vor den falschen Propheten, die in Schafskleidern zu dir kommen; inwendig aber sind sie reißende Wölfe.*

Man erkennt die falschen Propheten zunächst daran, daß sie Patentrezepte anbieten. Aber die Welt ist schon ziemlich alt, und wenn es wirklich einen Hauptschlüssel gäbe, der das Tor zur Lösung ihrer Probleme aufschließen könnte, hätte längst jemand ihn gefunden und benutzt. Zweitens erkennt man die falschen Propheten an dem Haß, den sie predigen: Irgendwer soll an all dem Unheil schuld sein, das uns heimsucht, und wenn wir den Schuldigen erkennen, ausschalten, vernichten, werden wir die Erlösung, die Endlösung erreichen. Genau in diesem Sinne haben sich die Deutschen einmal den falschen Propheten zum Führer erkoren, mit schrecklichen Folgen. Drittens erkennt man den Mann im Schafspelz an seiner Allergie gegenüber der Skepsis. Er fährt sozusagen aus der Haut, wenn er ihr begegnet. Denn er hält doch die fertigen Antworten bereit; wozu also noch zweifeln und fragen? So will er uns nicht klüger machen, sondern für dumm verkaufen.

Übrigens stammt die Warnung vor den falschen Propheten nicht von mir, sondern aus der Bibel. Das ist überhaupt ein interessantes Buch, das man immer wieder einmal aufschlagen sollte. Niemand muß ihm glauben; wer will, mag unterstellen, daß es sich um Sagen und Märchen handelt. Aber gerade in denen liegt bekanntlich oft Kluges verborgen. Daß wir altertümlichen Sprachbildern und Begriffen begegnen, sollte uns nicht abschrecken; auch in alte und klassische Musik muß man sich ja erst einmal einhören.

Ich bitte für die Abschweifung um Verzeihung und eile zu einem ganz anderen Rat: *Suche dir zwei oder drei alte Gesprächspartner.*

Nein, nicht sofort abwinken! Es ist mir bekannt, daß du am liebsten mit deinesgleichen zusammen bist, und das geht völlig in Ordnung. Mit den gleich alten, vielmehr gleich jungen Leuten teilt man die Zu- und Abneigungen, die Lebenslust und den Ärger, die Reise- und Musikwünsche, die Meinungen. Bei den Meinungen weiß man allerdings nie so genau, ob es sich um kluge Einsichten, um die neuesten Modetorheiten oder um die Vorboten des Wahns handelt. Es gibt noch keine Geräte, die den Unterschied anzeigen und im Bedarfsfalle Alarm schlagen. Darum lohnt es sich, manchmal über den eigenen Bannkreis hinauszuschauen.

Ich denke weniger an die Generation eurer Eltern, die kaum Zeit zum Zuhören hat, sondern an die wirklich alten Leute. Viele mögen in Bitterkeit erstarrt sein, aber es gibt die anderen, die sich aufs Erzählen freuen; für euren zweiten Besuch backen sie schon Kuchen. Dabei kann es sich um ganz einfache Menschen wie den Herrn oder die Frau Bendix handeln. Wenn ihr nur beharrlich beim Fragen und Zuhören bleibt, werdet ihr über die Schätze an Erinnerungen und Erfahrungen staunen, die vor euren Augen sich ausbreiten. Bitte bedient euch, denn sie sind zum Mitnehmen da! Manchmal kann man dem alten Gesprächspartner sogar anvertrauen, was vor den Gleichaltrigen weggeschlossen werden muß, weil sie darüber nur tuscheln und lachen würden. Am Ende – ich verspreche es – wird der alte Gesprächspartner aus mancher Dummheit heraushelfen und euch mit Ratschlägen zur Klugheit versorgen, von denen keine Schulbuchweisheit und nicht einmal dieses Buch sich etwas träumen läßt.

Von der Lust, etwas zu leisten

Wir leben in einem merkwürdigen Widerspruch. Wir sind Zeugen von Krieg und Gewalt, von Vertreibung und Flucht, Armut und Hunger, Dürre, Sturmfluten, Überschwemmungen, kurz von akutem Unheil und drohenden Katastrophen. Vermutlich gab es dieses Unheil schon immer. Doch es macht einen Unterschied aus, ob wie zu Goethes Zeiten »hinten, weit, in der Türkei, die Völker aufeinander schlagen« – oder ob wir unmittelbar an den Ort des Geschehens gedrängt werden. Dank der modernen Massenmedien *sehen* wir das Entsetzliche; wir sind wirklich die Zeugen.

Gleichwohl führen wir unser eigenes, alltägliches, beinahe unberührtes Leben. Die Dramatik bleibt ihm fern; durchweg schnurrt es wohlgeordnet wie nach Fahrplänen dahin; dabei murren wir schon, wenn Bus oder Bahn sich um fünf Minuten verspäten. In den Grundzügen scheint alles vorhersehbar zu sein bis ins Rentenalter. Zwar geschieht dann und wann sogar bei uns noch das Unerwartete, wie zum Beispiel in der Nacht des 9. November 1989. Unbekannte lagen sich in den Armen, die Freudentränen flossen, »Wahnsinn« hieß das Wort der Stunde, und wohl mit Recht erklärte damals der Regierende Bürgermeister von Berlin das deutsche Volk zum glücklichsten auf der Welt. Aber das sind Ausnahmen, die die Regel bestätigen.

Eine Dunstglocke von Langeweile wölbt sich über uns und droht uns fast zu ersticken. Vom Glück ist weiter nicht die Rede; wie eine Seuche geht die Verdrossenheit um. Jedenfalls wenn man nach längerer Abwesenheit wieder nach Deutschland zurückkehrt, fällt einem auf, wie abweisend und stocksteif sich die meisten Menschen hierzulande bewegen, wie verschlossen und unfroh so viele Gesichter aussehen.

»Seid dankbar!« mahnen die Alten, die den Krieg, die Vertreibung, den Hunger leibhaftig erlebt haben. Und Besucher aus der Ferne fügen hinzu: »Eure Sorgen möchten wir haben.« Manchmal denke ich, daß die Schreckensbilder, die uns vorgeführt werden, eben dies zur Botschaft bündeln, im widersprüchlichen Trost: »Es geschieht doch etwas – nur gottlob nicht bei uns.«

Leider hilft das sehr wenig: Besonders für junge Leute läßt sich unter der Dunstglocke der Langeweile schwer atmen. Sie wollen sich erproben, sie suchen die Herausforderung, das Abenteuer, aber nirgendwo bietet es sich an, es sei denn im Fernsehen und im Kino, in Grusel- und Heldengeschichten, in Märchenerzählungen aus der Vergangenheit oder der Zukunft. Die Wirklichkeit ist längst entdeckt, vermessen und gewinnbringend ausgewertet; in Urwäldern kreischen die Motorsägen und an Südseestränden die Touristen, die Reiseunternehmen paketweise dorthin verschicken.

Wie angeblich die Lemminge von Felsklippen ins Meer, so stürzen sich darum junge Leute miteinander und Hals über Kopf in einen Strudel der »Erlebnisse« und »Erfahrungen«, um der Langeweile zu entkommen. Doch die kehrt wie ein Bumerang zurück; alles nutzt sich ab und erstarrt zur Routine, zur Wiederholung des immer Gleichen. Um halbwegs noch befriedigt oder zumindest betäubt zu werden, muß man die Dosis steigern wie die Lautstärke der Musik. Oder man sucht Zuflucht beim Alkohol und anderen Drogen. In der Enttäuschung staut sich die Wut auf, die Gier nach Zerstörung dieser wohlgeordnet langweiligen Bürgerwelt. Eine Gewaltbereitschaft entsteht, die sich Anlässe sucht, um plötzlich hervorzubrechen – manchmal auch gegen sich selbst.

Häufiger führt der Weg in die Anpassung und in die Resignation. Die gerade noch jungen Menschen altern vor der Zeit, verfetten und legen sich die Gesten und Gesichter zu, die zu ihrem im Grunde freudlosen Dasein passen. Was als das halb verdrängte Aufbegehren und als Wut noch bleibt, formt sich zum Vorurteil gegen »die anderen«, die Unangepaßten oder die Fremden, und entlädt sich im Stammtischgerede.

Muß es so sein? Nein, das glaube ich nicht. Es gibt die Gegenbeispiele des gelungenen Lebens, von dem ein alter Mann oder eine alte Frau im Rückblick sagt: Es war schön. Indem ich das Geheimnis solcher Beispiele zu ergründen versuche, entsteht mein Ratschlag für ein lohnendes Leben: *Suche dir Aufgaben, die dich zur Leistung herausfordern.*

Ich kenne die Einwände und beeile mich, sie auszumalen. Der Elternehrgeiz, der stellvertretend verwirklichen möchte, was man selbst nicht erreichte, unterwirft schon Kinder einer Schreckensherrschaft der Leistung. Sie sollen zu Eisprinzessinnen, Tenniskönigen, Geigenvirtuosen oder Schachweltmeistern werden. Und immer heißt es: »Sei pünktlich und räume endlich dein Zimmer auf!« – als ob das Durcheinander nicht zur Trutzburg wider den sterilen Ordnungsfanatismus aufgebaut wäre, der im Wohn- und Schlafzimmer der Eltern herrscht.

In der Schule beginnen nur zu bald der Leistungsdruck, der Konkurrenzkampf und die Zensurenjagd. Der große amerikanische Pädagoge John Dewey hat bereits vor Jahrzehnten gesagt: »Es ist gänzlich gleichgültig, was in der Schule gelernt wird, solange es den Schülern nur zuwider ist.« Man könnte das die Klimmzug- oder Liegestützpädagogik nennen: Nützlich ist nur, was über die Schmerzgrenze treibt. Das fordert dann zur Verweigerung heraus, der eine ebenso fragwürdige Bonbon-Pädagogik entspricht: Nichts wird mehr angefaßt, sofern es nicht mit einer Aufbesserung des Taschengeldes oder der Fernseherlaubnis belohnt wird. Ähnlich geht es weiter, bis in die Ausbildung, das Studium, den Beruf hinein; es wird wirklich viel dafür getan, uns die Lust an der Leistung abzudressieren.

Die Auflehnung gegen das Überkommene, die mit der Studentenrevolte von 1968 begann, führte konsequent dazu, daß man in den siebziger Jahren zur Leistungsverweigerung aufrief und vom »Leistungsterror« sprach. An seine Stelle sollte die »Selbstverwirklichung« treten. Zu einem »Tu-nix«-Kongreß strömten in Berlin Tausende junger Leute zusammen. Bahnte etwa ein »Wertewandel« sich an? Wenn das geschah, dann in Maßen: Im konservativen Gegenzug entstanden regierungsamtliche »Bekenntnisse« zum Leistungsprinzip, auf das die Wirtschaft erst recht setzte, und eine kleine, aber damals noch feine Partei warb mit der Parole »Leistung wählen!« – als sei das schon ein inhaltsträchtiges Programm. Doch hatte der Schwiegersohn von Karl Marx, Paul Lafargue, nicht längst das »Recht auf Faulheit« entdeckt?

Ehe wir die Schlachten von gestern noch einmal schlagen und in ihrem Getümmel den Krieg oder den Verstand verlieren, sollten wir zwei Arten von Leistungen auseinanderhalten. Der Mann, dem wir die schönen Geschichten von den Taugenichtsen Tom Sawyer und Huckleberry Finn verdanken, Mark Twain, hat den Unterschied in seiner Frage deutlich gemacht: »Warum gilt das ›Tütenkleben‹ als Arbeit und die Montblanc-Besteigung als Sport?« Beides sind Leistungen, doch die eine wird den Sträflingen auferlegt und mit der Macht des Aufsehers durchgesetzt, die andere in Freiheit, aus eigenem Entschluß erbracht. Dort regiert die Gewalt oder die blanke Not, hier ein Überfluß an Kräften. Wahrscheinlich hält ihn schon die vormenschliche Natur bereit – wie ein kluger Beobachter gesagt hat: »Die Vögel singen viel mehr, als ihnen nach Darwin erlaubt ist.«

Ohnehin läßt sich zwar die einfache, in ihren Handgriffen immer wiederholte Arbeit erzwingen, aber gerade die große, schwierige und wagemutige Leistung nicht mehr. Galeerensklaven rudern unter der Peitsche, die für das Steuern durch die Stürme und die Klippen zu gar nichts taugt, es sei denn zum

Schiffsuntergang. Womöglich verdanken wir den Fortschritt von der Sklaverei zur Freiheit oder von der massenhaften Zwangsarbeit im Stalinismus zum Einsturz der Sowjetunion weniger einer plötzlich überhandnehmenden Menschenfreundlichkeit als der Kompliziertheit unserer Industrie- und Informationsgesellschaft. Sie kann man eben nicht mehr von außen und oben her kommandieren, sondern nur von innen her entwickeln und lenken.

Es sieht so aus, als sei uns die Lust an der eigenen Leistung von Anbeginn mitgegeben. Man achte auf Kinder. Mit all ihrem Einfallsreichtum suchen sie nach Widerständen und ihrer Überwindung; darum kann man ihnen kaum etwas Schlimmeres antun, als im falschen Behüten jedes Hindernis wegzuräumen. Ohne Ausweg schwanken die überbehüteten Kinder zwischen dem weinerlichen Verzagen und einer Aggressivität, die eigentlich das Flehen um Widerstand meint.

Nein, Kinder wollen ihre Leistungsmöglichkeiten erproben, und dafür nehmen sie die schmerzhaft zerschrammten Knie und sogar die Tränen gerne in Kauf. Auf einmal gelingt das Radfahren, und die Eltern, die großen Geschwister, die Nachbarskinder, die Katze und der Hund werden herbeigerufen, um zu staunen und das Glück zu teilen: Ich kann es, ich kann es! Aus solchen Erfahrungen wächst das Selbstbewußtsein, das wir für unseren Weg in die Zukunft so notwendig brauchen wie das tägliche Brot.

Unser Älterwerden schneidet diese Möglichkeiten keineswegs ab. Der sogenannte Ernst des Lebens läßt sich mit der Lust an der Leistung durchaus verbinden, sogar im Beruf. Das gilt nicht nur für Tänzer, Schauspieler, Musiker, Schriftsteller oder Spitzensportler, für Unternehmer und Ärzte, sondern auch für Handwerker, Facharbeiter und Ingenieure. Von ihrem Stolz auf die zuverlässige Leistung hat Deutschland lange gezehrt. Ob er dahinschmilzt, ist umstritten; moderne Betriebsreformen zielen darauf, dem einzelnen mehr Selbstverantwortung zuzuweisen und damit diesen Stolz zu verstärken oder wiederherzustellen.

Doch auch und erst recht entstehen Möglichkeiten außerhalb der Berufe. Die künstlerische und die sportliche Betätigung helfen zur Selbstachtung ebenso wie das Gärtnern und Basteln, sofern es nur mit der gehörigen Leidenschaft betrieben wird. Zu den Bergleuten des Ruhrgebiets gehörte seit jeher das Brieftaubenzüchten, zu Seeleuten das Verzaubern von Segelschiffen in Flaschen. Manchmal wächst eine Leidenschaft bis ins Skurrile. Aber was ist gegen das Sonderbare einzuwenden, wenn es zu seiner eigenen Form von Gelehrsamkeit oder Kunstfertigkeit führt und glücklich macht? Im übrigen entstehen stets neue Aufgaben, denen man sich zuwenden kann; man denke an den Naturschutz oder die Betreuung eines alten Menschen.

Ich höre nun schon ein Gemurmel oder Gelächter: »Was für ein altmodischer und spießiger Kram! Sollen wir etwa Briefmarken oder Bierdeckel sammeln und damit auch noch glücklich werden?« Doch mit Nachdruck bestehe ich gerade auf dem ersten Teil meines Ratschlags: *Suche dir Aufgaben!* Welche es sein sollen, weiß ich nicht. Darüber muß jeder nach seiner Begabung, nach den Neigungen und den Umständen eine eigene Wahl treffen, und niemand darf sich die Entscheidung für andere anmaßen. Nur sollte es sich wirklich um eine Auswahl handeln, sonst zerstreut man sich bloß. Zwei oder drei Aufgaben sind genug. Oder die eine, die den Lebensgang prägt.

Oft nämlich beobachte ich mit Kopfschütteln, wie ehrenwerte Kollegen sich für alles einsetzen, was gerade zur Debatte steht. Wann immer jemand Aufrufe zum Handeln verfaßt, um das Gute zu retten und das Böse zu zertreten: Sie sind dabei und haben schon unterschrieben. Mit Staunen frage ich mich, aus welcher Schatzkammer diese Leute alle die Kenntnisse herbeizaubern, die doch wohl nötig sind, um mitzureden – und ob sie die Ausdauer aufbringen werden, die zur Sache gehört. Max

Weber hat von »steriler Aufgeregtheit« gesprochen und gesagt: »Die Politik ist ein starkes langsames Bohren von harten Brettern mit Leidenschaft und Augenmaß zugleich.« Aber das gilt nicht nur in der Politik, sondern überall.

Freilich ist zuzugeben, daß mit der Zuwendung zu einer Aufgabe die Beschränkung notwendig wird. Mit jeder Wahl, die wir treffen, schließen wir zugleich etwas oder sehr vieles aus. Wer allerdings sich die Fülle aller Möglichkeiten erhalten will, kommt nirgendwo hin. Er bleibt ein ewig jugendbewegter, immer vielversprechender Schwärmer, der mit seinem Leben nie einen Anfang macht und erst recht kein Ende findet. Unter den wirklich jungen Leuten wird er bald zur lächerlichen Figur und gleicht dann dem Don Quijote, dem Ritter von der traurigen Gestalt.

Die Aufgabe, der wir uns verpflichten, nutzt sich nicht ab wie der »Erlebnis«-Trubel. Im Gegenteil: Ständig lernen wir etwas. Die Sache, auf die wir uns einlassen, ist schwieriger, tiefgründiger und weitläufiger, als wir im ersten Überschwang glauben. Kenntnisse, Erfahrungen und Geduld sind gefordert. Um das Bild von Mark Twain zu gebrauchen: Es ist ein weiter Weg von den heimischen Hügeln bis zum Montblanc – und von dort bis zum Himalaja erst recht.

Aber die Erkenntnisse und Erfahrungen wachsen uns tatsächlich zu; jeder Schritt voran macht uns reicher. Ähnlich ist es mit dem Geschick, mit der Kunstfertigkeit; immer wieder und meist überraschend kehrt das Kinderglück zurück: Ich kann es, ich kann es! Und dann wartet schon die nächste Hürde, für die wir einen noch längeren Anlauf brauchen, um auch sie zu meistern. Schließlich, aber nicht zuletzt, entdecken wir das Neue, das Unbekannte, das noch niemand sah. Es ist eben doch nicht wahr, daß die Welt bis in alle ihre Höhen und Abgründe längst entdeckt, vermessen und gewinnbringend ausgewertet wurde.

Ich betone die Bedeutung der Aufgaben so sehr, weil man

eine historische Erblast nicht verschweigen darf. Zur preußisch-deutschen Unheilsgeschichte gehört, daß die Pflichterfüllung und die Leistungsbereitschaft von den Aufgaben und Zielen abgekoppelt und zum Selbstwert erhoben wurden. So konnte man sie beliebig lenken und in Dienst nehmen, sogar für das Verbrechen. Es ist uns mit der Lust an der Leistung ungefähr so ergangen wie in der bekannten Elefantengeschichte: Ein Franzose, ein Engländer, ein Amerikaner und ein Deutscher sollen aufschreiben, was ihnen zu dem Rüsseltier einfällt. Der Franzose widmet sich dem Liebesleben, der Engländer dem Elfenbeinhandel, der Amerikaner dem Disneypark. Lange nachdem alle ihre Aufsätze abgeliefert haben, trifft der Deutsche mit seinem tausendseitigen Standardwerk ein: »Der Elefant an sich.«

Manchmal glaube ich fast, daß diese Geschichte im modischen Drang zur »Selbstverwirklichung« ihre paradoxe Fortsetzung findet. Indem sie als Freiheit, das heißt als Befreiung aus allen überkommenen Bindungen und Pflichten dargestellt wird, mißrät sie, wie die Leistung an sich und als deren Fortsetzung mit anderen Mitteln, jetzt eben zur Selbstverwirklichung an sich. Und sie gerät in ein leeres Kreisen um sich selbst, in dem die Enttäuschung und womöglich die Selbstzerstörung schon angelegt sind. Nein: Ein Charakter, eine Biographie, ein lohnendes Leben entwickeln sich nur mit den Aufgaben, die wir uns stellen.

Die Freiheit wird damit nicht beiseite geschoben, sondern in ihr Recht eingesetzt. Sie gewinnt ihr Gewicht mit der Verantwortung, die wir mit der Auswahl unserer Aufgaben übernehmen. Und nicht gezwungen, sondern einzig in Freiheit und mit einem Beiklang von Lust läßt sich die Leistung vollbringen, die zum Gipfel führt. Wenn wir ihn dann erreichen, durchatmen und zurückblicken, können wir sagen: Welch eine Aussicht!

Von der Zeit zum Spielen

»Der Mensch spielt nur, wo er in voller Bedeutung des Wortes Mensch ist, und er ist nur da ganz Mensch, wo er spielt.« Das behauptet Friedrich Schiller. Aber ist es auch wahr? Mit gleichem oder noch mehr Recht könnte man behaupten, daß die Arbeit uns auszeichnet. Denn viele Tierkinder spielen kaum anders als Menschenkinder. Doch wo ist der Herr Tiervater, der sich erst einmal Werkzeuge schafft, um dann nach einem vorgefaßten Plan und im Schweiße seines Angesichts mit ihnen etwas herzustellen? Bevor wir uns im hitzigen Streit verlieren, der nie ans Ende kommt, sollten wir erst einmal beobachten und feststellen, wovon wir reden. Und sofort wird sichtbar, daß es »das« Spiel überhaupt nicht gibt.

Wenn man unsere Städte durchwandert, stößt man auf Spielhallen. Sie wirken seltsam verschlossen, nach außen hin abgeschirmt, und seltsam erst recht herrscht in ihrem Inneren die Ungeselligkeit. Zwar gibt es Geräte, an denen man miteinander spielen kann, wie beim Tischfußball. Aber typisch sind sie nicht; in der Regel ist der einzelne mit sich und einem Apparat allein. Damit hängt übrigens zusammen, daß die Spielhallen ihre beste Zeit wohl hinter sich haben. Weil man allein spielt, kann man es auch zu Hause tun. Es ist bloß eine Frage der Verfügbarkeit, und der Siegeszug der Heim-Computer hat ja längst begonnen.

Die Ungeselligkeit wird sichtbar, wenn man vergleicht, etwa mit der Kneipe. Am Stammtisch und an der Theke trifft man Bekannte und redet mit ihnen, uferlos über Gott und die Welt. Sogar mit Unbekannten kommt man hier leicht ins Gespräch.

Was aber treibt dann in die Ungeselligkeit der Spielhallen? Die Antwort muß nach der Art der Geräte verschieden ausfallen; im wesentlichen kann man zwei Typen unterscheiden.

Da sind einmal die Automaten, von denen man hofft, daß sie Geld ausspucken. Grundsätzlich entscheidet der Zufall. Es gibt viele und längst bekannte Formen. Schon klassisch ist das Roulett, noch viel älter der Würfel. Oder man denke an Lotterie oder Lotto. Es geht ums kleine oder große Geld, mit einem Wort um das Glück.

Sofort springen die Einwände auf. Macht Geld denn glücklich? Und weiß nicht jeder, daß auf die Dauer nur die Apparate, die Spielbanken, der Staat und nicht die Spieler gewinnen? Natürlich. Doch in der Sehnsucht nach dem Gewinn steckt mehr. Es versteckt sich dahinter die Hoffnung auf ein »Zeichen«: darauf, daß wir etwas Besonderes sind, Glückskinder eben, herausgehoben aus der Masse. Insgeheim wünschen wir, daß »es« für uns rollt, daß die Sterne uns günstig, daß wir Auserwählte sind, begnadet gleichsam – wenn schon nicht mehr von Gott, dann von irgendwelchen unsichtbar lenkenden Mächten.

Man mag das als unvernünftig, als Aberglauben abtun. Doch diese Unvernunft gehört zu einem Wesen, das von der Zukunft weiß und sie mit seinen Ängsten ebenso füllt wie mit dem Prinzip Hoffnung. Dies erklärt die Ungeselligkeit purer Glücksspiele: Die Zeichen und Zutaten des Glücks sollen sich auf mich als einzelnen beziehen, nicht auf Mitspieler oder die Masse, von der ich um so dringender unterschieden sein möchte, je mehr ich ahne, daß ich ein Teil von ihr bin.

Der zweite Typus von Geräten sieht anders aus. Da geht es zum Beispiel um Eindringlinge aus dem Weltraum, die man abschießen muß. Das Prinzip läßt sich unendlich variieren. Immer jedoch kommt es auf die Geschicklichkeit, aufs Kombinieren, auf die Reaktionsgeschwindigkeit an. Das Ergebnis läßt sich am Punktekonto ablesen. Es macht verständlich, warum

Spieler oft stundenlang vor »ihrem« Apparat hocken oder stets ans gleiche Gerät zurückkehren: Geschicklichkeit und Geschwindigkeit wollen trainiert sein, und Übung macht den Meister. Das Punktekonto zeigt dann den eigenen Standard, den persönlichen Rekord, der zum immer neuen Überbieten herausfordert.

Wieder gibt es alte und einfache Vorbilder; man denke an Kinder, die endlos ihren Ball gegen eine Wand prellen. Und wie ist das mit dem würdigen älteren Herrn, der als Golfspieler allein eine Platzrunde macht? Er hat seinen Standard von Schlägen, und er kehrt in gehobener Stimmung ins Clubhaus zurück, wenn es ihm gelang, diesen Standard zu unterbieten. Der Mann hat also gegen sich selbst gespielt, im Medium seiner eintrainierten Geschicklichkeit; spielend hat er sich zum Konkurrenten seiner selbst verdoppelt.

Leider verärgern wir diesen Herrn, wenn wir ihm sagen, daß das ballprellende Kind und die jungen Leute vor ihren Geräten nichts anderes tun als er. Und doch ist es so; sie erproben ihre Geschicklichkeit gegen sich selbst. Darum dürfte auch die Aggressivität, die dem Anschein nach vor dem Kriegsspiel eingeübt wird und vor der die Wohlmeinenden warnen, im Grunde kaum größer sein als beim Schwingen des Golfschlägers.

Aber verlassen wir nun die unwirtlichen Spielhallen! Es gibt, gottlob, nicht bloß ungesellige, sondern erst recht die geselligen Spiele. Man denke an Skat, unser populärstes Kartenspiel. Dazu braucht man bekanntlich drei Leute, die miteinander spielen, und besonders gern lassen sie sich am ohnehin geselligen Ort nieder: in der Kneipe. Geselligen Charakter haben aber auch die meisten anderen Spiele mit Karten, wie Bridge, Canasta, Doppelkopf. Ähnlich steht es mit Brettspielen vom Mensch-ärgere-dich-nicht bis zum Backgammon; ähnlich ist es bei Sportspielen, beim Fußball, Basketball, Tennis oder Tischtennis.

Die geselligen Qualitäten all dieser Spiele ergeben sich freilich aus einer auf den ersten Blick höchst widersinnigen, geradezu paradoxen Eigenschaft: Es geht um Konkurrenz, um den Wettkampf. Die Fachleute reden von »Nullsummenspielen«: Einer wird gewinnen, und die anderen müssen entsprechend verlieren; genau darum braucht man die Spielpartner.

Doch wozu überhaupt spielt man dann? Was macht den Reiz dieser Geselligkeit im Wettstreit aus, sogar beim Zuschauen? Warum drängen die stets besserwisserischen »Kiebitze« herbei, warum die Massen ins Fußballstadion oder vors Fernsehen? Übrigens drängen auch die Wohlmeinenden gleich wieder herbei, schütteln bedenklich den Kopf und behaupten, daß einzig die Aggression eingeübt wird. Oder wie Manfred Rommel mit schöner Bosheit gesagt hat: »Einer Gesellschaft, die man damit unterhalten kann, daß zwei Menschen einen Ball hin- und herschlagen, ist alles zuzutrauen.« Und schon meine Mutter, die Tennisübertragungen und Reitturniere sehr gerne ansah, fragte beim Fußball: »Warum können die Leute sich nicht einigen?«

Ja, warum nicht? Warum haben die Friedensfreunde so wenig Erfolg mit ihren kunstvoll erdachten Spielvorschlägen, bei denen die Zusammenarbeit und nicht der Sieger im Wettkampf belohnt wird? Die Antwort ist einfach: Es geht zunächst einmal um den Spannungscharakter, um die glorreiche Ungewißheit: Wer wird gewinnen? Im Spiel steckt sozusagen der bessere Krimi. Bei dem kennt man den Ausgang schon: Das Gute wird siegen und der Gärtner als Mörder seiner verdienten Strafe zugeführt. Beim Spiel aber bleibt der Ausgang offen. Und je langweiliger sich unser Alltagsleben darstellt, desto wichtiger werden die Spiele, auch oder gerade beim Zuschauen.

Für den Spannungsgehalt ist es natürlich wichtig, daß die Kräfte der Spieler sich halbwegs die Waage halten. Für den alten Skathasen macht das Spiel mit dem blutigen Anfänger nicht viel Spaß. Und es wirkt auch nicht eben dramatisch, wenn die Berufsathleten von Bayern München die Amateure von Hintertupfingen noch im Schongang mit 12 : 0 überrollen. Um so größer ist allerdings unser Vergnügen, wenn David den Goliath niederstreckt. Darum kann man bei Spielen, in denen »unsere« Mannschaft gar nicht beteiligt ist, bei sich selbst wie bei anderen eine unwillkürliche Parteinahme für den Außenseiter beobachten. Manche sprechen dann von der »Fairneß« des Publikums. Doch die sollte man wohl nicht zu hoch hängen. Denn darin steckt erstens, daß ein völlig neutrales Zuschauen kaum möglich ist, weil es langweilig bleibt – und, zweitens, daß der Spannungskitzel nun einmal wächst, wenn man auf den Sieg des vermeintlich Schwächeren setzt.

Untersucht man die Sache noch etwas genauer, so stößt man nochmals auf eine Paradoxie. Für den Spannungsgehalt der geselligen Spiele sind zwei verschiedenartige, ja gegensätzliche Momente wichtig: das Glück und die Leistung. Bei den ungeselligen Spielen, von denen vorher die Rede war, treten sie getrennt auf. Aber beim geselligen Spiel sollten beide vorhanden sein und zumindest ungefähr in eine Balance gebracht werden. Der Geselligkeitswert sinkt in dem Maße, in dem das jeweilige Spiel sich einseitig auf den einen oder den anderen Pol zubewegt.

Denn es mag zwar angenehm sein, wenn ich mich als Glückspilz erweise. Doch die persönliche Zurechnung fällt schwer. Es ist nicht mein Verdienst, wenn ich beim Würfeln mehr Augen erreiche als der Partner. Bei den meisten Spielen, die Würfel verwenden, etwa beim Monopoly, wird darum das Glück mit Leistungsfaktoren kombiniert: Wir müssen nachdenken und Entscheidungen treffen. Das Würfeln allein kommt folgerichtig als Spiel kaum vor – es sei denn als Mittel zum Zweck, um herauszufinden, wer die nächste Bierrunde zahlen soll.

Andererseits wirkt die pure Leistungsathletik allzu selbstbezogen und wenig gesellig. Um festzustellen, wie schnell man laufen oder schwimmen kann, was der persönliche, der nationale oder der Weltrekord ist, braucht man den Partner nicht, sondern bloß die Gehilfen mit der Stoppuhr. Darum können

Rekorde an verschiedenen Orten und ihrem Prinzip nach einsam aufgestellt werden. Auch beim Schachspiel, dem Urtyp einer rein geistigen Leistung, kann man ungesellig gegen den persönlich unbekannten Gegner per Postkarte oder Telefon antreten – oder neuerdings, bezeichnenderweise, gegen den Computer.

Wie anders beim Skat! Zwar spielt zunächst das Kartenglück eine Rolle, aber dieses Glück verdient sich auf die Dauer nur der Tüchtige, der aus seinen guten oder weniger guten Karten das Beste macht. So überall, zum Beispiel beim Fußball; die Popularität dieser beiden Spiele kommt nicht von ungefähr. Denn die Kombination von Leistung und Glück entlastet auf die angenehmste Weise: Den Erfolg können wir uns selbst oder der Mannschaft zurechnen, mit der wir uns identifizieren, den Mißerfolg dagegen den schlechten Karten, dem Schiedsrichter, den Launen der Göttin Fortuna, kurz der Pechsträhne, die hoffentlich bald ein Ende nimmt.

Um noch einmal auf die Kritik am Wettkampfcharakter zurückzukommen: Wie schnell daraus Unsinn wird, lehrt die schlichte Beobachtung, beim Skat nicht anders als an der Tischtennisplatte. Wer nicht sein Bestes leistet, sich keine Mühe gibt, sondern den Partner umstandslos gewinnen und ihn das sogar fühlen läßt, der ist nicht etwa ein guter und fairer Spieler, sondern im Gegenteil ein Spielverderber. Er raubt dem Spiel allen Reiz – und die Chance, dem einzelnen die Könnenserfahrungen zu vermitteln, die erst aus der Anspannung aller Kräfte ihm zuwachsen. Wie wir im vorigen Kapitel schon gesehen haben, schaffen solche Erfahrungen sogar oder gerade in der angespanntesten Leistung Befriedigung und Selbstbewußtsein: Ich habe es geschafft, durchgehalten; es gelingt mir, es ist meine Leistung! Besonders für Kinder ist diese Erfahrung wichtig, aber auch ihre Bedeutung für die Erwachsenen sollte man nicht unterschätzen.

Und noch etwas wäre hier zu bedenken, vielleicht das Wichtigste. Spiele schaffen im Rahmen ihres jeweiligen Regelwerks einen magischen Eigenbezirk. Was gilt, gilt nur hier und nirgendwo sonst, auch der Sieg und die Niederlage. Nicht zuletzt geht es um eine Ausgliederung aus dem »normalen« Zeitstrom, wie er von der Uhr und vom Terminkalender, vom Ernstfall des Lebens diktiert, mit Hoffnungen und Ängsten besetzt und in Ausbildung und Beruf von der Vor-Sorge für die Zukunft bestimmt wird. Auf Zeit wird die Unerbittlichkeit der Zeit außer Kraft gesetzt. Statt wie sonst ihre Sklaven zu sein, werden wir unsere eigenen Herren und betreten ein selbstgeschaffenes Reich der Freiheit. Wahrscheinlich war es dies, was Friedrich Schiller uns sagen wollte.

Freilich entbindet uns niemand davon, daß wir die Königreiche einer vom Zeitdiktat freien Zeit selbst erschaffen müssen. Und mit dieser Feststellung nähere ich mich nach langen Umwegen meinem Ziel. Die meisten Ratschläge dieses Buches richten sich in erster Linie an jüngere oder ältere Menschen. Jetzt aber wende ich mich besonders der mittleren Generation, den Eltern und ganz besonders den Vätern zu und rate ihnen: *Nehmt euch die Zeit, um mit euren Kindern zu spielen!*

Kein noch so dringendes Geschäft sollte davon abhalten, kein Müdesein zum Vorwand dienen; das Spielen bedeutet doch Entspannung und Erholung! Es gibt nichts, wofür man seine Zeit lohnender einsetzen kann. Zwar wissen die Kinder kaum, was der Vater in der Zeit zwischen dem Fortgehen am Morgen und der Heimkehr am Abend tut, aber sehr bald wird ihnen deutlich, daß dieses Fortgehen notwendig ist, um für des Lebens Notdurft und Nahrung zu sorgen. Um so schöner ist dann die Erwartung, um so größer das Glück der abendlichen Spielstunde. Und welch ein Glück ist es erst recht, wenn man den großmächtigen Vater manchmal sogar besiegt! Natürlich kann man auch vorlesen oder mit dem Sohn einen Drachen bauen und ihn aufsteigen lassen. Aber mancher hat zwei linke Hände, und das Vorlesen kommt ans Ende, sobald die Kinder sich selbst aufs Lesen verstehen. Nein, nichts geht über das gemeinsame Spielen; keine Konkurrenz hält da mit, selbst das Fernsehen nicht, und man setzt seine Zeit wirklich nicht lohnender ein.

Wer das nicht glauben will, höre die folgende Geschichte. Zu meinen langjährigen Freunden zählt ein Göttinger Universitätsprofessor, von dem, als er noch am Anfang seiner Karriere stand, ein berühmter Gelehrter halb amüsiert und halb abschätzig sagte: »Der wird nie ein guter Professor, der spielt viel zu gern mit seinen Kindern.« Tatsächlich: Wann immer man ihn besuchte, fand man ihn bei seinen vier Kindern am Spieltisch oder – im korrekten Anzug samt Hemd mit Krawatte – auf dem Fußboden vor. Jeder Besucher wurde zum Mitspielen aufgefordert und zu den wirklichen Freunden nur gerechnet, wer darauf sich einließ. Aber es ist aus diesem Mann ein sehr guter, auch bei unseren Nachbarn in Frankreich und Polen bekannter Professor geworden. Vor allem sind seine Kinder, nun längst schon aus dem Hause, wohlgeraten, und noch immer kehren sie gerne zurück, weil sie sich aufs Spielen freuen, das sofort wieder beginnt, wenn sie da sind.

Nein, nichts geht über das gemeinsame Spiel. Wir Erwachsenen mögen unsere Schulbildung hervorkramen und uns an die Vorstellung vom Glück erinnern: »Werd' ich zum Augenblicke sagen: Verweile doch! du bist so schön ...« Indem wir im Spiel den Strom der Zeit zeitweise zum Stillstand bringen, erfüllen wir uns diesen Wunschtraum aus Goethes »Faust«. Und für die Kinder gibt es wirklich nichts Wichtigeres. Darum könnte man meinen Ratschlag auch zur Warnung umformulieren: *Wer für das Spiel mit den Kindern keine Zeit hat, der beklage sich nicht, wenn sie dann sich verfinstern, fortstreben und, womöglich auf Abwegen, ihre Spannungserlebnisse und Partnerschaften anderswo suchen.*

Eine Nachfrage drängt sich unwillkürlich auf: Warum gelingt hierzulande so selten, was sich von selbst verstehen sollte?

Vielleicht muß man weit in die Geschichte zurückgehen, um die Antwort zu finden. Martin Luther, die Könige von Preußen und die seit dem Dreißigjährigen Krieg vorherrschende Armut haben uns dazu erzogen, im Beruf eine Berufung zu sehen, tüchtig zu sein, etwas und immer mehr zu leisten und unsere Pflicht zu erfüllen bis in den Tod. Müßiggang galt als der Anfang aller Laster und die Hingabe ans Spiel als verschwendete Zeit. So konnte, trotz Schiller, eine Spielkultur kaum entstehen, und selbst dem Turnvater Jahn geriet die von ihm geschaffene Bewegung gleich wieder zur Ertüchtigung im Dienste des Vaterlandes. Jedenfalls ist es mein Eindruck, daß es in manch anderem Land um die Entwicklung der Spielkultur besser bestellt war als bei uns. Um dazu noch eine Geschichte zu erzählen:

Im Jahre 1951 verhalfen mir die »Studienstiftung des Deutschen Volkes« und das »British Council« für ein halbes Jahr zum Besuch einer idyllisch kleinen Universität im nordenglischen Durham. Bald geriet ich dort in den Bridge-Club und in die Turniermannschaft der Universität. Die Reisen durchs Land, die mein schmaler Geldbeutel mir versagte, machte das Kartenspielen möglich. Es gab auch einen Pokalwettbewerb der Universitäten, und mit meiner Hilfe gelangte Durham weiter als jemals zuvor. Doch dann lief mein Visum ab. Es zu erhalten, war damals für Deutsche noch schwierig, es über die Halbjahresfrist hinaus zu verlängern, fast unmöglich. Was tun? Eine Delegation wurde nach London zur zuständigen Behörde geschickt: Eine Verlängerung sei nötig, um unser Team nicht zu zerreißen. Hätte es sich um eine Forschungsarbeit gehandelt: keine Chance. Aber Sport und Spiel? Sofort und mit einem Lächeln wurde die Verlängerung genehmigt. Damals fiel mir der Ausspruch ein, den man dem Herzog von Wellington zuschreibt: die Schlacht bei Waterloo sei auf den Spielfeldern von Eton gewonnen worden. Wohlgemerkt auf den Spielplätzen und nicht in Studierstuben. Leider verloren wir dann, und ich durfte oder mußte fristgerecht abreisen.

Manchmal denke ich, daß wir, jenseits des Sports, das Spielen zum Schulfach erheben und an den Hochschulen die entsprechenden Lehrstühle einrichten sollten. Nur fürchte ich, daß man immer nach dem Nutzen fragen und damit die Sache gleich wieder ruinieren würde. Längst schon setzen ja geschickte Pädagogen Spielelemente ein, um dem Lerneifer aufzuhelfen. Aber wie Hans Schöneberg gesagt hat: »Das Spiel ist keine Clausewitzsche Fortsetzung der Politik, der Pädagogik, Didaktik oder Hygiene mit anderen Mitteln.« Und Friedrich Georg Jünger fügt hinzu: »Spiele werden nicht gespielt, wie kluge Leute behaupten, damit die Kinder sich kräftigen und tüchtig werden. Mit Kindern, die auf diese Weise spielen müssen, kann man nur Mitleid haben.«

Allerdings. Kinder sollen im Spiel etwas vom lohnenden, dem beglückenden Leben erfahren – und Erwachsene auch. Müssen wir überhaupt auf die klugen Leute, auf Professoren und Schulmeister warten oder die fehlenden Traditionen beklagen? Nein, ich weiß besseren Rat: *Fange selbst mit dem Spielen an, gleich hier und gleich heute.*

Von der Selbstachtung

Immanuel Kant war ein großer Philosoph und ein seltsamer Mann. Er haßte das Reisen, und über Königsberg gelangte er selten, über Ostpreußen überhaupt nicht hinaus. Aber in seinen erfolgreichsten Vorlesungen führte er die Hörer zu fernen Völkern und Ländern, die er niemals gesehen hatte. Seine Tage liefen wie nach Glockenschlägen, mit der Genauigkeit eines Uhrwerks ab. Dabei liebte der hartnäckige Junggeselle und Einzelgänger des Geistes die Geselligkeit über alles. Besonders wollte er junge Leute um sich sehen, obwohl die es mit der Pünktlichkeit meist nicht so genau nehmen.

Unordnung allerdings irritierte den Herrn Professor, wie sein Freund und Biograph Reinhold Bernhard Jachmann erzählt: »Er faßte bei seinem Vortrage gewöhnlich einen nahe vor ihm sitzenden Zuhörer ins Auge und las gleichsam aus dessen Gesicht, ob er verstanden wäre. Dann konnte ihn aber auch die geringste Kleinigkeit stören, besonders wenn dadurch eine natürliche oder angenommene Ordnung unterbrochen wurde, die dann gleichfalls die Ordnung seiner Ideen unterbrach. In einer Stunde fiel mir seine Zerstreutheit ganz besonders auf. Am Mittag versicherte mir Kant, er wäre immer in seinen Gedanken unterbrochen worden, weil einem dicht vor ihm sitzenden Zuhörer ein Knopf am Rocke gefehlt hätte.«

Der verlorene Knopf, der die Weltordnung oder jedenfalls die Gedanken verwirrt: Ich gerate damit vor die Frage, die mich nach Königsberg und zu Kant treibt. Wie eigentlich sollen wir auftreten? Der bescheidene Gelehrte kleidete sich sorgfältig nach der Mode und mahnte seine Schüler, es auch zu tun.

»So tadelte er, wenn junge Leute hinter ein affektiert schlichtes Äußeres ihre wirklichen Vorzüge verbergen wollten, weil wir nach seiner Meinung keinem Menschen das Urteil über uns erschweren oder gar zu unserem Nachteil irreleiten müssen, und weil es ein stolzes Verlangen verrate, daß Menschen, ungeachtet der von uns angenommenen rauhen und unpolierten Schale, doch den gesunden Kern in uns aufsuchen sollen ... Er war aus vielfältiger Erfahrung überzeugt, daß viele edeldenkende und geschickte Jünglinge durch ein solches unpoliertes und geniemäßiges Äußere ihr ganzes Lebensglück verscherzen und sich für die bürgerliche Gesellschaft unbrauchbar machen. Und dies eben war es, was seinem menschenfreundlichen Herzen wehe tat.«

Das klingt uns heute sehr fremd, und unwillkürlich fragt man sich, was Kant wohl zu den Studenten unserer Tage gesagt hätte. In vielen Fällen muß man wohl nicht nur von affektierter Schlichtheit oder einer rauhen und unpolierten Schale, sondern von Schlampigkeit reden. Gar nicht so selten möchte man erst einmal und sehr dringend ein Bad empfehlen.

Und wenn jemand sich auf die eine oder andere Weise als akademischer Indianer verkleidet, sollte er es jedenfalls mit einem gewissen Schick tun, dem man die Freude am Exotischen anmerkt; wenn er barfuß oder in Sandalen daherkommt, sollte er sich regelmäßig zumindest die Füße waschen.

Ich glaube im übrigen, daß der Weise aus Königsberg mehr meinte als nur das Äußere. Denn wahrscheinlich würde er sagen: Es ist ein Spiegel des Inneren. Die Kleidung gehört zum Menschen als Menschen, sie bedeutet eben mehr als eine zufällige Beigabe oder bloß etwas Nützliches, als den Ersatz für das schützende dicke Fell, das uns abhanden kam. Diese Bedeutung entsteht gleich nach der Erschaffung der Welt im Paradiesgarten, wie die Bibel von Adam und Eva erzählt:

»Und sie hörten die Stimme Gottes des Herrn, der im Garten ging, da der Tag kühl geworden war. Und Adam versteckte sich mit seinem Weibe vor dem Angesicht Gottes des Herrn unter die Bäume im Garten. – Und Gott der Herr rief Adam und sprach zu ihm: Wo bist du? – Und er sprach: Ich hörte deine Stimme im Garten und fürchtete mich; denn ich bin nackt, darum verstecke ich mich.« Da wußte der Herr, was geschehen war: Adam und Eva hatten vom verbotenen Baum der Erkenntnis gekostet. »Und Gott der Herr machte Adam und seinem Weibe Röcke von Fellen und kleidete sie. – Und Gott der Herr sprach: Siehe, Adam ist geworden wie unsereiner und weiß, was gut und böse ist. Nun aber, daß er nicht ausstrecke seine Hand und breche auch von dem Baum des Lebens und esse und lebe ewiglich! – Da wies ihn Gott der Herr aus dem Garten Eden ...«

So beginnt die Menschheitsgeschichte als eine Geschichte von Scham und Bekleidung. Sie zeigt, wie tatsächlich das Äußere ein Spiegel des Innern, der Seele, des erwachten Selbst-Bewußtseins ist. Indem wir ein Verhältnis zu uns und zu unserer Leiblichkeit entwickeln, gewinnt die Bekleidung eine doppelte Funktion: Sie verhüllt die Scham und macht damit möglich, daß wir uns zeigen. Und wohlgemerkt ist nicht der Aufwand, sondern das Passende, das im Wortsinn Angemessene wichtig; auch mit wenig Geld, auch oder gerade in Jeans kann ein junger Mensch sich aufs schönste zeigen.

Doch was geschieht, wenn er oder sie sich dem Gepflegtsein, der Anmut, der Schönheit verweigert? Bereits die Frage legt die Rückschlüsse nahe: Wer schlampig auftritt, gerät in den Verdacht, eine Seelenschlampe zu sein; wer sein Äußeres mißachtet, scheint keine Selbstachtung zu haben. Aber wie denn werden Leute ohne Selbstachtung andere achten? Können sie es überhaupt? Weist das »unpolierte und geniemäßige Äußere« etwa nicht auf die Verachtung des gewöhnlichen Bürgers hin? Nein, mit solchen Leuten möchte man lieber nicht umgehen und schon gar nicht sie in die Firma holen. Das war es, was den Königsberger Menschenfreund traurig stimmte: Wenn junge

Menschen »hinter ein affektiert schlichtes Äußeres ihre wirklichen Vorzüge verbergen wollen«, geraten sie in die Gefahr, daß sie sich ihre Zukunft, ihre Anstellung und ihren Erfolg im Beruf, ja »ihr ganzes Lebensglück« verscherzen.

Achte dich selbst, damit andere dich achten! würde daher Kants Ratschlag lauten. Und wie dürfte ich es wagen, dem großen Philosophen ins Wort zu fallen und zu widersprechen? Allenfalls könnte ich noch etwas hinzufügen und auf die Wechselwirkung hinweisen: Wenn du dich ansehnlich und liebenswürdig darstellst, gewinnst du bei deinen Mitmenschen die Zuneigung, die wiederum dein Selbstvertrauen festigt.

Man kann die Selbstachtung kaum wichtig genug nehmen. Ihre Stärke birgt das Leben und ihre Zerstörung den Tod. Davon erzählt einmal mehr und nur wenige Zeilen nach der Kleidergeschichte die Bibel. Adam und Eva haben zwei Söhne, Kain und Abel:

»Und Abel ward ein Schäfer; Kain aber ward ein Ackermann. – Es begab sich aber nach etlicher Zeit, daß Kain dem Herrn Opfer brachte von den Früchten des Feldes; – und Abel brachte auch von den Erstlingen seiner Herde und von ihrem Fett. Und der Herr sah gnädig an Abel und sein Opfer; – aber Kain und sein Opfer sah er nicht gnädig an. Da ergrimmte Kain sehr und seine Gebärde verstellte sich ... – Und es begab sich, da sie auf dem Felde waren, erhob sich Kain wider seinen Bruder Abel und schlug ihn tot.«

Das ist eine unheimliche und exemplarische Geschichte, in der Jehova, der Herr, eine leider zwielichtige Rolle spielt. Was würde man von einem Vater halten, dem seine beiden Kinder Weihnachtsgeschenke gebastelt haben und der dann das eine freundlich annimmt, während er das andere barsch zurückweist? Der polnische Philosoph Leszek Kolakowski hat vermutet, daß der Hammelbraten eben mehr wert war und lieblicher duftete als geröstete Hirse. Wechselt man von der polnischen zu Kants ostpreußischer Perspektive, so läge die Annahme nahe, daß Abel ordentlich und Kain schlampig angezogen war. Das jedenfalls hätte der Herr mit Recht sehr übel vermerkt; schließlich geht man noch heute nicht in der verschwitzten Arbeitskleidung und weder barfuß noch mit lehmüberkrusteten Stiefeln zur Christmette oder zur Trauung, sondern im Festkleid.

Wie es auch sei: Für Kain wie für Abel stellt, modern ausgedrückt, der Herr die entscheidende »Bezugsperson« dar. Ihr »gnädiges Ansehen« rückt Abel ins Licht, die Abwendung Kain in den Schatten; seine Selbstachtung wird jäh vernichtet. In seiner Verzweiflung hätte Kain vielleicht auch Selbstmord begehen können. Aber er richtet seine Aggression nach außen, sucht den Schuldigen, den Sündenbock, findet ihn im Konkurrenten, im Bruder, und erschlägt ihn.

Diese Konsequenz der zerstörten Selbstachtung zieht vom mythischen Anfang der Menschheit bis in unser Jahrhundert ihre blutige Spur. Der Mann aus Braunau am Inn, Adolf Hitler, taugte zu keiner geregelten Arbeit; sein Traum von der Künstlerkarriere zerbrach, als die Wiener Kunstakademie ihn wegen der offensichtlich mangelnden Begabung zweimal abwies. Aus seiner gescheiterten Existenz befreite ihn einzig das Soldatsein im Krieg. Aber das kam 1918 mit dem Umsturz des 9. November und mit der Niederlage ans Ende, die ihn ins Nichts zurückwarf. Seither brütete in ihm die Gier nach Rache an den angeblich Schuldigen, und seine fiebrigen Phantasien erkoren zu den Schlachtopfern die Juden, denen seit dem 19. Jahrhundert ein fast beispielloser Aufstieg gelungen war. Weil aber auch die Selbstachtung der Deutschen seit der Niederlage von 1918 und dem Friedensdiktat von Versailles wenn nicht zerstört, dann doch tief verwundet war, konnte Hitler DER FÜHRER werden, dem die Massen gläubig folgten bis in den Untergang.

Die Konsequenz liegt auf der Hand; mit nur einer Nuance im Wort und in der Sache kann man vom Selbstwertgefühl reden und mit Karl Bruno Leder sagen: »Das Selbstwertgefühl ist der Kern jeder Persönlichkeit. Für sein intaktes Selbstwertgefühl – und nur dafür – lebt der Mensch; dafür arbeitet er, müht sich, leidet, kämpft – und stirbt notfalls auch dafür.«

Wie die einzelnen, so die Nationen; noch einmal Leder: »Demütigt ein Volk, und ihr werdet in ihm einen militanten Nationalismus wecken, dem kein Preis zu hoch erscheint für die Wiederherstellung seines Selbstwertgefühls, der ›nationalen Ehre‹ oder wie immer die Umschreibung lauten mag. Versprecht einem Volk die Steigerung seines Selbstwertgefühls bis ins Übermenschliche, bis zum Himmel hinan, und ihr werdet von ihm sowohl übermenschliche Leistungen wie übermenschliche Leiden fordern können! ... Das Hauptmotiv aller Befreiungsbewegungen ist die Wiederherstellung der Selbstachtung, des Selbstbewußtseins und des Selbstwertgefühls.«

Um noch die Gegenperspektive in einer Anekdote auszuleuchten: In der Friedenszeit vor dem Ersten Weltkrieg unternehmen ein Deutscher, ein Franzose und ein Engländer eine Schiffsreise. »Da ist eine Insel!« sagt der Deutsche und weist auf die Umrisse hin, die über den Horizont heraufsteigen. »Ist sie etwa britisch?« fragt argwöhnisch der Franzose. »Gewöhnlich ist sie es«, antwortet schläfrig der Engländer und öffnet gar nicht erst seine Augen. – Ja, wenn einem die halbe Welt gehört, muß man sich um die Standfestigkeit des eigenen Selbstbewußtseins keine Sorgen machen, jedenfalls nicht, sofern man zur Oberschicht zählt.

Eine melancholische Folgerung drängt sich jetzt auf. Im Grunde läßt sich für die Selbstachtung nur wenig tun. Denn wird sie den einzelnen, den sozialen Schichten und Gruppen, den Völkern als ihr Schicksal nicht immer schon vorgegeben? Aber mit Immanuel Kant bin ich anderer Meinung. Wenn man die Selbstachtung zerstören kann, dann muß auch ihre Herstellung und Pflege möglich sein.

Unsere Aufgabe und Verantwortung entsteht immer neu.

Schon das Kleinkind braucht die zärtliche Zuwendung, die zuverlässige Liebe der Mutter, des Vaters oder sonst einer Bezugsperson. Längst bevor Worte etwas vermögen, sagt diese Zuwendung dem Kind: Du bist willkommen und so wichtig, wie wir selbst es uns sind. Aus der Geborgenheit in der Liebe wächst das Urvertrauen, mit der der junge Erdenbürger sich seine Umwelt erschließt.

Wenn die Zuwendung fehlt oder zum Beispiel in einem Heim die Betreuerinnen immerfort wechseln, entstehen Entwicklungsschäden der Seele, die sich unter Umständen niemals mehr ausheilen lassen. Denn das »Ich« keimt und formt sich im Wechselverhältnis, im Spiegel des »Du«, und wenn das Du sich zerstreut und verschwimmt, dann gedeiht auch das Ich nicht. Von seiner Angst vor dem Verlassensein, von der Ungewißheit seiner Bedeutung wird es zu Boden gedrückt, noch bevor es sich aufrichten kann.

In den vorigen Kapiteln war schon vom Glück die Rede, das mit der Erfahrung des Könnens verbunden ist. Die Bewunderung aber, zu der das Kind dann die Eltern, die Geschwister, die Nachbarskinder, den Hund und die Katze herbeiruft, ist kein Beiwerk. Erst im Zuschauen, im Beifall, in der Mitfreude der anderen wächst dem jungen Menschen wieder ein Stück seiner Selbstachtung zu. Eine Pädagogik der Selbstachtung wird darum wie von ungefähr Aufgaben schaffen, die zur Bewältigung herausfordern. Natürlich müssen sie angemessen sein. Wenn die Hürden zu hoch sind, wird das Kind verzagen und sich nichts mehr zutrauen. Auch die Unterforderung ist gefährlich und führt zum Verzagen, weil nur aus den Erfahrungen des Könnens das Zutrauen zur eigenen Kraft sich entwickelt. Doch immer und wirklich nicht bloß nebenher müssen zur Pädagogik der Selbstachtung die Zuwendung und die Mitfreude gehören.

So geht es weiter, durch die Schule, die Lehre oder das Studium hindurch in den Beruf hinein, bis zu den Aufgaben der

Betriebs- und der Menschenführung, die sich überall stellen. Wollte man aus der Pädagogik der Selbstachtung einen Ratschlag entwickeln, so würde er den von Kant nur abwandeln, übrigens ganz in seinem Sinne: *Achte jeden Menschen so, wie du selbst geachtet werden willst – und schließe niemanden aus.* Denn gerade die zur Seite Gedrängten, die Schwachen, die in der Fremde Verlorenen, die Kranken, die Behinderten, die Alten brauchen deine Achtung. Und du darfst sicher sein: Sie werden sie dir mit Zins und Zinseszins zurückerstatten.

Aber wie ist es mit den sozialen Gruppen und Schichten, mit den Völkern und Staaten? Wie im politischen Feld? Die Antwort liegt nahe: Es ist nicht anders als bei jedem von uns. Denn immer geht es um das Verhältnis von Menschen zu Menschen. Wo man nach dem Grundsatz der Gleichheit sich achtet und anerkennt, wird das Miteinander, der Frieden möglich; wo aber die Ungleichheit herrscht, gibt es versteckt oder offen auch die Verachtung und den Haß, in dem die Gewalt, der Bürgerkrieg und der Krieg auf der Lauer liegen und nur auf die Gelegenheit warten, sich zu entladen.

Die Weisen haben das schon immer gewußt; man lese Kants Schrift »Zum ewigen Frieden«. Kants Zeitgenosse und ostpreußischer Landsmann aus Mohrungen, Johann Gottfried Herder, bringt das Wechselverhältnis von Achtung und Anerkennung zum Ausdruck, wenn er in seinen »Briefen zur Beförderung der Humanität« sagt, daß »jede Nation allgemach es als unangenehm empfinden (muß), wenn eine andere Nation beschimpft und beleidigt wird; es muß allmählich ein gemeines Gefühl erwachen, daß jede sich an der Stelle jeder andern fühle«. Dann springt bei der Mißachtung einer anderen Nation die Frage auf: »Wie, wenn mir das geschähe?« »Wächst dieses Gefühl, so wird unvermerkt eine Allianz aller gebildeten Nationen gegen jede einzelne anmaßende Macht (entstehen).«

Freilich ist es von der Einsicht der Weisen bis zur praktischen Politik ein weiter Weg, und es sieht nicht so aus, als habe er vom Zeitalter Kants und Herders bis zur Gegenwart aufwärts geführt. Ein halbwegs tragfähiger Friedensschluß gelang den europäischen Staatsmännern zuletzt auf dem Wiener Kongreß von 1815, weil er nach einem Vierteljahrhundert des Krieges das erobernde und endlich besiegte Frankreich nicht demütigte, sondern als gleichberechtigt einbezog. Schon 1871 gelang das nicht mehr – und 1919 im Friedensdiktat von Versailles erst recht nicht. Im Zweiten Weltkrieg hat der deutsche Herrschaftswahn, der in Polen und Russen die rassisch Minderwertigen sah und sie zu einer Unterschicht von Sklaven machen wollte, schrecklich gewütet und sich schrecklich gerächt.

Immerhin gibt es Gegenbeispiele. Nach 1945 haben die Amerikaner zwar nicht mit ihrer anfänglichen Strafpolitik, wohl aber mit der bald darauf einsetzenden großzügigen Hilfe die wahre »Umerziehung« der Deutschen bewirkt und aus Besiegten die Partner, aus Feinden die Freunde gemacht.

Besonders unheilvoll wirkt es sich aus, wenn eine Machtordnung entsteht, die sich auf Herrschaft und Unterwerfung gründet. Das Selbstverständnis der Herrschenden wird nicht von der Selbstachtung, sondern von der Verachtung der »anderen« geprägt; bei den Unterworfenen mischt sich die Selbstverachtung mit der Gier nach Gewalt, Aufruhr und Abrechnung. Man denke an das Rassenproblem in den Vereinigten Staaten, in dem das Erbübel der Sklaverei bis heute nachwirkt. Oder man denke an die inneren Widersprüche, die sich die Israelis aufluden, als sie mit ihrem strahlenden Sieg im Sechs-Tage-Krieg zur Besatzungsmacht wurden.

Es ist schwer, einen Ausweg zu finden. Wer zur Versöhnung führen und Frieden stiften will, braucht sehr viel Mut und sehr viel Geduld. Denn er muß ja nicht nur die Machtverhältnisse oder die Rechts- und Verfassungsprinzipien, sondern gleichsam die innere Verfassung der Menschen verändern. Er muß bewirken, daß sie die Verachtung und die Gier nach Gewalt, an die sie sich klammern, aufgeben und zu einer Selbstachtung gelangen, die die Achtung des anderen nicht bloß mißmutig hinnimmt, sondern sie zu ihrer eigenen Bedingung setzt. Haß springt darum auf; kaum zufällig sind Mahatma Gandhi, Martin Luther King, Anwar as-Sadat und Jizchak Rabin zu Märtyrern der Versöhnung geworden.

Ich bitte um Nachsicht: Mit diesen Überlegungen bin ich wohl weit über die Horizonte hinausgeraten, in denen man noch Ratschläge geben kann; sehr weit jedenfalls habe ich mich von den Kleiderfragen entfernt, von denen ich ausging. Oder doch nicht? Die Erregung über unsere Mitmenschen, die Bewunderung oder die Mißachtung beginnt bei dem Aussehen, das sie sich geben, und wer sich zur Rebellion entschließt, weist erst einmal seine langen Haare, seinen Bartwuchs oder, im Gegenzug, den kahlgeschorenen Schädel vor. Auf die eine oder andere Weise reichen im übrigen die Probleme von Macht und Ohnmacht manchmal auch in unser Leben hinein. Wir sind zum Beispiel Eltern und Kinder, Professoren und Studenten oder Vorgesetzte und Untergebene; wir wissen etwas von Machtworten und vom Aufbegehren, vom Zank und vom Streit. Vielleicht ist darum eine Nutzanwendung, ein Rat zum Vorbeugen möglich, eine Warnung zumindest:

Wenn du den Frieden willst, dann hüte dich vor den Siegen, die dir Macht über andere Menschen verschaffen. Denn sie werden deine Seele vergiften.

Von der Kunst, sich zu streiten

Aasgeier, Affe, Esel, Kamel, Kuh, Ochse, Ratte, Schlange, Schwein, Ziege: Es ist nicht freundlich gemeint, wenn wir am Alphabet entlang uns Tiernamen an den Kopf werfen. Die Nachtigall bleibt schon deshalb eine Ausnahme, weil begnadete Stimmen ziemlich selten sind. Auch der Neid- oder Streithammel ist jemand, dem man besser aus dem Weg geht, weil man sich sonst nur Ärger einhandelt. Dennoch heißt mein Rat: *Lerne es, dich zu streiten.*

Indem ich das sage, gerate ich gleich selbst in den Streit hinein. Es ist besser, sich zu vertragen, empören sich die Wohlmeinenden, die Freunde des Friedens. Und man sollte darüber nachdenken, wie man die Einigkeit herstellt und sichert. Was ist dagegen einzuwenden?

Zunächst einmal dies: Wir Menschen und die Umstände unseres Lebens sind leider nicht so gemacht, daß wir ohne den Streit auskommen. Immer gibt es unterschiedliche Erfahrungen, gegensätzliche Meinungen, auseinanderklaffende Interessen, immer auch Konkurrenz, Macht und Ohnmacht, Erfolg und Mißerfolg, Ehrgeiz und Eifersucht. Zwar schieben manche Leute alle Schuld den »unnatürlichen« Verhältnissen zu und glauben, daß irgendwo eine »natürliche« Harmonie auf uns wartet, die man nur entdecken und durchsetzen muß, um alles zum Besten zu wenden.

Ein Ahnherr solcher Schuldsprüche und höchst kostspieliger Experimente, Jean-Jacques Rousseau, hat geschrieben: »Der erste, der ein Stück Land eingezäunt hatte und frech behauptete: ›Das ist mein!‹ – und Leute fand, einfältig genug, ihm zu glauben, wurde zum wahren Begründer der bürgerlichen Gesellschaft. Wie viele Verbrechen, Kriege, Leiden und Schrecken würde der dem Menschengeschlecht erspart haben, der die Pfähle herausgerissen oder den Graben zugeschüttet und seinesgleichen zugerufen hätte: ›Hütet euch vor dem Betrüger. Ihr seid verloren, wenn ihr vergeßt, daß die Früchte allen gehören und die Erde keinem!‹«

Doch die dann die Pfähle wirklich herausrissen, haben erst recht eine Schreckensherrschaft errichtet und unerhörte Opfer gefordert. Am Ende triumphierte dennoch der sündhafte alte Adam. Er strengt sich zwar für sein Eigentum an, das er einzäunen darf, aber aus der edlen Idee des Sozialismus leitet er nur das Recht ab, ein Faulpelz zu sein. Schaut man in die vormenschliche Natur zurück, so zerstört auch sie unsere Träume vom harmonischen Miteinander. Überall kämpfen Artgenossen um die Rangordnung im Rudel, um Paarungspartner, Nistplätze und Reviergrenzen. Bereits die Amsel, die so schön singt, flötet im Klartext gegen Rousseau: »Hier bin ich, dies ist mein Platz, wehe jedem, der ihn mir wegnehmen will!«

Im Blick auf die finsteren Erfahrungen unseres Jahrhunderts drängt sich ein zweiter Ratschlag auf: *Trau keinem, der die Einigkeit ausruft.* Was will er damit erreichen? sollten wir erst einmal fragen. Ist er denn unser Herr Obergeneral oder ein Prophet, dem wir gehorsam und gläubig zu folgen haben? Oder tarnt die Einigkeitsparole bloß ein Sonderinteresse, das zu häßlich ist, um sich nackt zu zeigen? Wie es auch sein mag: Wahrscheinlich werden wir nicht zum Heil gelangen, sondern ins Unheil stolpern, wenn wir auf die Einigkeit schwören. Ein guter Hirte hält seine Herde zusammen, aber wir Menschen sollten uns nicht so benehmen, als seien wir Schafe.

Beim Kriegsbeginn 1914 fand Seine Majestät, Kaiser Wilhelm II., die zündende Parole: »Ich kenne keine Parteien mehr. Ich kenne nur Deutsche.« Ein ungeheurer, nie gekannter Jubel umbrandete diesen Ruf zur Einheit; ihm marschierten die jungen Kriegsfreiwilligen nach bis in den Tod, und immer wieder kam man auf ihn zurück. Der Historiker Hermann Oncken, durchaus kein Scharfmacher, schrieb zum Beispiel: »Darin aber besteht die große Aufgabe der inneren Politik, das rasch Gewonnene, das die Not an einem großen Tag mit Unerbittlichkeit vollbracht, nicht wieder in müderer Zeit zu verlieren... Jetzt handelt es sich darum, daß nach den deutschen Stämmen auch die deutschen Klassen zu einer einzigen sozialen und nationalen Gemeinschaft sich für immer verschmelzen.«

Wie das aussehen sollte, blieb ungesagt, aber »Gemeinschaft« erwies sich als ein deutsches Zauberwort. Es wurde gegen den »Parteienhader« der Weimarer Republik in Stellung gebracht: die Hitler-Bewegung nahm es auf und versprach die allumfassende »Volksgemeinschaft«, für die sich die Millionen und besonders junge Menschen begeisterten – wie im Rückblick Melita Maschmann als Zeitzeugin bekannt hat: »Keine Parole hat mich je so fasziniert wie die von der Volksgemeinschaft... und am Abend des 30. Januar (1933) bekam sie einen magischen Glanz... Was mich an dieses phantastische Wunschbild band, war die Hoffnung, es könnte ein Zustand herbeigeführt werden, in dem die Menschen aller Schichten miteinander leben würden wie Geschwister.«

Davon abgesehen, daß wir es schwerlich aushalten würden, wenn Hinz und Kunz ihre Frechheit zum Recht erklärten, uns familiär anzurempeln, stellt sich eine bittere Frage: Was geschieht mit denen, die in den Jubel nicht einstimmen, die abseits und anderer Meinung bleiben? Oder was mit denen, die angeblich – wie die Juden – für die Gemeinschaft nicht taugen? Die Antwort ist einfach: Sie werden zu Feinden, zu Opfern der Feme und Verfolgung; die Konzentrations- und Vernichtungslager bilden die konsequente Kehrseite der nationalsozialistischen Volksgemeinschaft. Ähnlich überall und immer wieder; mit der Gründung der SED, der beherrschenden Einheitspartei, kam seit 1946 in der sowjetischen Besatzungszone und dann in der DDR die Freiheit ans Ende, noch ehe sie begann.

Aber auch in der Bundesrepublik hat man lange gebraucht, um halbwegs zu begreifen, daß der Streit nicht nur ein Übel, sondern eine Bedingung der Freiheit ist. Das Schulfach, das der politischen Bildung dienen sollte, hieß noch lange und nicht nur dem Namen nach »Gemeinschaftskunde«. Konrad Adenauer sprach praktisch der Opposition ihr Recht auf die abweichende Meinung ab, als er behauptete, ihr Sieg werde zum »Untergang Deutschlands« führen; im Zeichen solcher Behauptungen errang er in den fünfziger Jahren seine strahlenden Wahlsiege. Adenauers Nachfolger Ludwig Erhard versah gewisse Kritiker wieder einmal mit dem Tiernamen: Pinscher. Überhaupt hatten die kritischen Widerworte es schwer; gern wurden sie als »zersetzend« gebrandmarkt.

Doch wie hätte es anders und besser sein sollen? In den ehrwürdigen Traditionen des festgefügten, wieder und wieder siegreichen Obrigkeitsstaates gab es für die Untertanen wenig Gelegenheit, eine Streitkultur zu entwickeln. 1837 sind die »Göttinger Sieben« – Professoren, die dem Verfassungsbruch des Königs von Hannover mutig widersprachen – als Ausnahmen von der deutschen Gehorsamsregel berühmt geworden. Als aber die vorwitzigen Bürger des ostpreußischen Elbing einen der sieben Aufrechten – Professor Albrecht, den Sohn ihrer Stadt – auch noch beglückwünschten, schrieb ihnen Herr von Rochow, der preußische Innenminister, ins Stammbuch: »Es ziemt dem Untertanen, seinem Könige und Landesherrn schuldigen Gehorsam zu leisten ...; aber es ziemt ihm nicht, die Handlungen des Staatsoberhauptes an den Maßstab seiner beschränkten Einsicht anzulegen und sich in dünkelhaftem Übermute ein öffentliches Urteil über die Rechtmäßigkeit derselben anzumaßen.« Daraus wurde das geflügelte Wort vom »beschränkten Untertanenverstand«.

Natürlich hat nach 1945 niemand mehr so geredet wie dieser

Herr von Rochow, nicht einmal ein Bundesinnenminister. Doch es gab und gibt noch immer die zeitgemäßen Einkleidungen, etwa wenn die Sachkenntnis, das Expertenwissen der Ministerialbürokratie oder sonstiger großmächtiger Institutionen – samt der von ihnen bezahlten Gutachter – gegen den Laienverstand ahnungsloser Bürger ausgespielt wird. Inzwischen gewinnt man sogar den Eindruck, als hätten manche und immer mehr der ehemaligen Untertanen sich zu Rochows gemausert. Mann- oder frauhaft nehmen nun sie das Gemeinwohl in Erbpacht: Wir, die einfachen Leute, wissen, was gut und gerecht ist – und nur die Politiker oder Parteien, die Abgeordneten und Beamten, die fernab entscheiden, wissen es nicht. Unversehens wird damit der traditionsmächtige Obrigkeitsanspruch in seine sozusagen seitenverkehrte und offenbar zukunftsträchtige Form gebracht.

Wie lernen wir die Kunst, uns zu streiten? Zunächst einmal müssen wir damit aufhören, die alten oder neuen Rochows zu spielen. Der Streit setzt eine Form von Partnerschaft voraus; die Gleichheit ist sein tragendes Prinzip. Leider erweisen wir uns als einfallsreiche Erfinder von Ungleichheiten: Wir bringen nicht nur unser Expertenwissen gegen den Unverstand des Laien in Stellung, sondern auch unser erfahrungsreiches Alter gegen die naseweise Jugend oder umgekehrt unsere morgenfrische Welterkenntnis gegen die Alterserstarrung; das Deutsch- und Einheimischsein tritt auf gegen den Fremden und Zugereisten, die Amtsautorität des Vorgesetzten gegen den Untergebenen, das eigene Betroffensein gegen den Außenstehenden, der nüchterne Mann gegen die gefühlswirre Frau. Und so immer weiter; um Einfälle sind wir wirklich nicht verlegen. Das Streitgespräch kommt in jedem Falle unter die Räder, denn der, dem wir die Partnerschaft aufkündigen, kann nur verbittert schweigen, sich beleidigt zurückziehen – oder zurückschlagen, wenn nicht mehr mit Worten, dann mit den Fäusten.

Wenn wir indessen dem Streitgespräch nicht mit der einen oder anderen, immer nur vorgeschobenen Begründung ausweichen, sondern es suchen und beharrlich führen, entdecken wir das Positive: Es schafft tatsächlich eine Partnerschaft der Gleichgestellten. Unter Umständen kann sogar eine Freundschaft entstehen. Und jedenfalls sollte als Regel gelten: Ein Freund, mit dem man nicht auch streiten kann, ist keiner.

Geradezu ein Loblied des Streits wäre jetzt anzustimmen. Einigkeit macht dumm, weil sie das Nachdenken erspart. In ihrem Schutzmantel sind wir – oder vielmehr: fühlen wir uns stark und bemerken es gar nicht, wenn wir der Torheit, dem Vorurteil, einem Wahn verfallen. Erst der Streit macht klüger. Wir müssen uns anstrengen, um die rechten Worte zu finden und verständlich zu reden. Indem wir das tun, entdecken wir die Lücken in unserem Wissen, die Schwachstellen und die Brüche unserer Begründungen. Wir lernen den eigenen Standpunkt aus der Sicht des Streitpartners sehen; wir erkennen, daß er etwas mit Interessen und Erfahrungen, mit dem Alter, dem Beruf, der Herkunft zu tun hat.

Diese Einsicht läßt sich allerdings leichter beschwören als erreichen – wie der französische Schriftsteller André Maurois gesagt hat: »Das Schwierigste am Diskutieren ist nicht, den eigenen Standpunkt zu verteidigen, sondern ihn zu erkennen.« Aber aus dem, was wir für selbstverständlich hielten, wird nach und nach doch ein Selbstverständnis, das diesen Namen verdient. Hier oder dort mögen wir aus den Argumenten des Streitpartners ja auch Neues, noch Unbekanntes, Bedenkenswertes erfahren. Und je ernsthafter wir uns auf das Streitgespräch einlassen, desto mehr wird sichtbar, daß es Spaß macht; es ist eine Fortsetzung des Wettstreits im Spiel mit anderen Mitteln. Wer darum vom Spielen etwas versteht, muß sich um das Bestehen im Streit kaum noch sorgen. Kurz: Der Streit ist ein Element des lohnenden statt des langweiligen Lebens.

Zu seinen Voraussetzungen gehört, daß wir die Sache, um

die es geht, und das Persönliche auseinanderhalten. Mit dem, der alles persönlich nimmt und sich immer gleich beleidigt zeigt, wenn man ihm widerspricht, kann man nicht streiten und im Grunde nicht einmal reden – es sei denn ihm nach dem Munde. Hierzulande sieht es freilich oft so aus, als sei das Persönlichnehmen eine Tugend. Statt gelassen über eine Sache zu sprechen, müssen wir bis ins Innerste unserer Seele »betroffen« sein und diese Betroffenheit auch noch zu Markte tragen, um als glaubwürdig zu gelten. Doch was soll sich daraus ergeben, wenn nicht eine Neigung zur Hysterie oder – wie der große Soziologe Max Weber es nannte – die sterile Aufgeregtheit?

Es kommt hinzu, daß der Persönlich- und Übelnehmer dazu drängt, sich mit einem Alleinvertretungsanspruch auf das Gute, das Wahre, die Gerechtigkeit und das Rechthaben zu panzern. Denn nur so kann er guten Gewissens unterstellen, daß der Andersdenkende kein Streitpartner, sondern ein Unrechthaber, ein Bösewicht, ein Anwalt des Teufels, ein Feind ist. Wie wieder ein französischer Schriftsteller, Romain Rolland – übrigens in den Feinderklärungen und Haßgesängen des Ersten Weltkriegs ein Vorkämpfer des Friedens –, gesagt hat: »Eine Diskussion ist unmöglich mit dem, der vorgibt, die Wahrheit nicht zu suchen, sondern schon zu besitzen.«

Aber der Monopolanspruch auf die Wahrheit hat gerade den Hintersinn, sich beleidigt zu zeigen, wenn man auf Widerspruch stößt, und das Gespräch zu verweigern. In der Person, so heißt es, wird das Erhabene angegriffen, das sie vertritt. Im Grunde nur konsequent hat Kaiser Wilhelm II. Hunderte von Prozessen wegen Majestätsbeleidigung führen lassen. Und im »Dritten Reich« konnte es die Verschleppung ins Konzentrationslager oder den Tod bedeuten, wenn man jemanden wissen ließ, daß man dem FÜHRER nicht glaubte.

Um eine Anekdote zu erzählen: In den aufgeregten zwanziger Jahren wurde der aus Livland stammende Philosoph Hermann Graf Keyserling in einem Streitgespräch heftig bedrängt, und sein Gegenüber schloß triumphal mit den Worten: »Jetzt müssen Sie zugeben, daß ich recht habe!« – »Aber jewiß doch, mein Lieberchen«, antwortete Keyserling in seinem schönen baltischen Tonfall. »Jewiß doch haben Sie recht. Nur, Lieberchen: Rechthaben ist auch eine Art von Barbarei.«

Ebenfalls in den zwanziger Jahren hat der Staatsrechtslehrer Carl Schmitt seinen »Begriff des Politischen« entwickelt und behauptet: »Die eigentliche politische Unterscheidung ist die Unterscheidung von Freund und Feind.« Es handelt sich um ein Wechselverhältnis: Vom Feind her begründet sich die »Freundschaft«, das heißt hier die verschworene Gemeinschaft, die Einigkeit, die keinen Widerspruch duldet. Und zum Feind wird erklärt, wer den Widerspruch wagt. Dabei treibt, folgerichtig, der Gegensatz zum Äußersten, zum Kampf auf Leben und Tod, zum Krieg. »Denn«, so Carl Schmitt, »erst im Krieg zeigt sich die äußerste Gruppierung von Freund und Feind. Von dieser äußersten Möglichkeit her gewinnt das Leben der Menschen seine spezifisch politische Spannung.« Wiederum folgerichtig gilt der Hohn des gelehrten Juristen jedem, der den Feind »in einen bloßen Diskussionsgegner aufzulösen versucht ..., mit der Hoffnung, die definitive Auseinandersetzung, die blutige Entscheidungsschlacht könnte in eine parlamentarische Debatte verwandelt werden und ließe sich durch eine ewige Diskussion ewig suspendieren.«

Deutlicher läßt sich kaum zeigen, daß nicht das Streitgespräch, sondern sein Abbruch zu Mord und Totschlag führt. Es ist kein Zufall, daß Hermann Keyserling mit der von ihm 1920 gegründeten »Schule der Weisheit« ein oft belächelter Außenseiter geblieben, Carl Schmitt dagegen zum Wegbereiter des kommenden Unheils geworden ist. Und wer will, mag die Brillanz bewundern, mit der Schmitt seine Irrlehre entwickelt und dargestellt hat. Doch was soll man dazu sagen, daß heute der baltische Philosoph kaum mehr dem Namen nach bekannt ist, während der Staatsrechtslehrer noch immer und immer mehr seine Nachbeter findet?

Beim genaueren Hinschauen wird übrigens sichtbar, wie er mit den Tricks eines Taschenspielers arbeitet, wenn er sagt, daß man nicht immerfort diskutieren, sondern sich entscheiden müsse, »weil es gerade in den wichtigsten Dingen wichtiger ist, daß entschieden werde, als wie entschieden wird«. Natürlich ist es richtig, daß gründlich geführte Streitgespräche sehr viel Zeit brauchen und oft gar nicht ans Ende kommen, sondern nur vertagt und neu aufgenommen werden können. Aber das heißt doch nicht, daß keine Entscheidungen fallen, zum Beispiel nach einer parlamentarischen Debatte mit Hilfe der Mehrheitsregel. Andererseits schneidet die einmal getroffene Entscheidung das Streitgespräch keineswegs ab. Unsere Freiheit beruht darauf, daß wir sagen dürfen: »Verehrter Herr Bundeskanzler, wir halten die Entscheidung, die Sie mit Ihrer Regierungsmehrheit durchgesetzt haben, für unsinnig, und damit der Unsinn aufhört, werden wir dafür eintreten, daß bei der nächsten Wahl die Mehrheitsverhältnisse sich ändern!«

Wenn der Bundeskanzler das hinnehmen soll, müssen wir ihm allerdings zugestehen, daß er erst einmal so regiert, wie er es will. Wer verlangt, daß Entscheidungen vertagt werden, bis alle sich einig sind, bringt das Streitgespräch in Verruf und spielt denen in die Hände, die »kurzen Prozeß« machen möchten. Um also die Freiheit zu bewahren, die wir uns wünschen, müssen wir uns an ihre Spielregeln halten, und zu denen gehört nun einmal die Entscheidung durch Mehrheiten. Etwas Besseres wurde bisher nicht erfunden. Der Vorteil ist gerade, daß sich mit der Mehrheitsentscheidung kein Erbanspruch auf die Wahrheit verbindet und daß wir weiter darüber streiten können, ob und wo wir sie finden. Aber noch immer gibt es die alten oder neuen Rochows, die sich darauf nicht einlassen. Immer berufen sie sich auf ihren Monopolbesitz des Guten, des Gemeinwohls oder den angeblichen Verfassungsauftrag des

Grundgesetzes, um damit dem Andersdenkenden sein Recht auf die abweichende Meinung abzusprechen und die Streitpartnerschaft aufzukündigen.

Noch einmal stellt sich die Frage: Was kann man tun, um eine Streitkultur zu entwickeln? Hier wie überall gilt, daß nur die Übung den Meister macht, und ich will dazu eine Geschichte erzählen. Als junger Student und Gast einer englischen Universität habe ich nicht nur, wie schon berichtet, Bridge gespielt, sondern auch die Sitzungen der »Debating Society« besucht. Sie ist dem britischen Unterhaus nachgebildet; man sitzt sich also als »Regierung« und »Opposition« gegenüber, und es wird jeweils ein Antrag diskutiert, etwa: »Dieses Haus wünscht die Abschaffung der Todesstrafe.« Zwei Hauptredner sprechen für, zwei gegen den Antrag; nach einer Teepause dürfen andere Teilnehmer sich zu Wort melden. Dann fassen die Hauptredner noch einmal zusammen, und am Ende wird abgestimmt. Wer im Verlauf der Debatte seine Meinung ändert, bringt das dadurch zum Ausdruck, daß er – nach einer Verbeugung gegen den Vorsitzenden – die Seite wechselt, manchmal genau gegenläufig zu dem Redner, der gerade spricht.

Am meisten beeindruckten mich nicht die ernsten, sondern die Ulk-Anträge: »Dieses Haus hält das Benutzen von Straßenbahnen für unmoralisch.« Denn dabei treten die spielerischen Elemente in den Vordergrund; es geht nicht ums »Betroffensein« und die »Anliegen«, sondern um die Schlagfertigkeit, den glänzenden Einfall, die geschliffene, mit Anschauung gewürzte Rede.

In Deutschland mag mancher das für frivol halten, und eine der »Debating Society« vergleichbare Institution gibt es an unseren Universitäten nicht. Aber sollte man nicht schon in der Schule die Elemente des Streitgesprächs spielerisch einüben? Könnten sie vielleicht dazu helfen, daß später der Ernstfall des Streits besser gelingt? Müssen wir wieder und wieder durch Lautstärke, durch das Jammern oder Beschimpfen ersetzen, was wir nicht beherrschen? Oder wie wäre es, wenn man nach einer Bundestagswahl den neuen Abgeordneten, bevor sie vor dem Plenum ihre Jungfernrede halten dürfen, erst einmal eine Schulung nach britischem Muster zumuten würde? Käme das der Lebendigkeit von Parlamentsdebatten womöglich mehr zugute, als alle sonst versuchten und offenbar stets zum Scheitern verurteilten Parlamentsreformen?

Fragen über Fragen. Weil sie keine Antwort finden, haben wir es weiterhin mit den Gewissensathleten zu tun, die sich zu Polizeiministern des Gemeinwohls, der Moral, der Wahrheit und der Lebenserrettung berufen fühlen. Von diesen selbsternannten Vormündern hat schon Kant gesagt: »Nachdem sie ihr Hausvieh zuerst dumm gemacht haben, und sorgfältig verhüteten, daß diese ruhigen Geschöpfe ja keinen Schritt außer dem Gängelwagen, darin sie sie einsperreten, wagen durften: so zeigen sie ihnen nachher die Gefahr, die ihnen drohet, wenn sie versuchen, allein zu gehen. Nun ist diese Gefahr zwar eben so groß nicht, denn sie würden durch einigemal Fallen wohl endlich gehen lernen; allein ein Beispiel von der Art macht doch schüchtern und schreckt gemeiniglich von allen ferneren Versuchen ab.«

Von Kant aus ließe sich keineswegs nur, aber besonders für junge Leute der Ratschlag entwickeln: *Laßt euch nicht einschüchtern, sondern sucht die Streitpartnerschaft, wo ihr sie findet. Ihr werdet entdecken, daß sie sich lohnt. Aber verderbt sie auch nicht, indem ihr euch als die neuen Rochows aufspielt.* Zwar gehört euch die Zukunft. Aber ihr kennt sie so wenig wie irgendwer sonst. Nur eines scheint gewiß: Jedes vorschnelle Besser- und Bescheidwissen wird sie verfinstern, und einzig eure Neugier und Streitlust kann sie erhellen.

Von der Versöhnung

Es ist schwer, den Streit zu einer Kunst zu entwickeln und sie zu beherrschen. Viel leichter ist es, sich anzuschreien, zu beleidigen, fortzustoßen und die Anklagen, die Schulderklärungen, die Fäuste, die Kugeln oder die Molotowcocktails fliegen zu lassen. Seit Menschengedenken und immer neu triumphiert die Gewalt; die Weltgeschichte und jede Tagesschau berichten davon.

Etwas Unheimliches, eine abgründige Faszination geht im übrigen von der Gewalt aus. Die Menschen wollen von ihr hören, wenn möglich sie sehen; man prüfe die Mythen, die Sagen und Märchen der Völker, die in den Western-, Kriegs- und Kriminal-, Spionage- oder Weltraumfilmen unserer Tage ihre Fortsetzung finden. Und vom Hirtenknaben David bis zu James Bond gibt es die Märchenprinzen der Gewalt, die berühmte Erobererkönige wie Alexander oder Friedrich den Großen noch in den Schatten stellen.

Ist die Neigung zur Gewalt in der Natur des Menschen angelegt? Darüber streiten sich die Gelehrten und finden kein Ende. »Homo homini lupus« – »Der Mensch ist des Menschen Wolf«, hat der große englische Staatsphilosoph des 17. Jahrhunderts, Thomas Hobbes, gesagt. Aber damit wird dem Wolf unrecht getan. Wenn der im Duell unterliegt, wirft er sich auf den Rücken, bietet seine gefährdetste Körperpartie, die Kehle dar – und löst beim Artgenossen eine zuverlässige Beißhemmung aus. Wir Menschen erheben die Hände und können zwar hoffen, aber nicht wissen, ob wir damit unser Leben retten. Außerdem verfügen wir über weit mächtigere Waffen als Wolfsgebisse, vom Speer oder der Keule über Pistolen und Maschinengewehre bis zu Raketen und Atombomben.

Doch irgendwann einmal schweigen die Waffen, sei es in Familien- oder in Völkerkriegen. Die Überlebenden des Unheils wagen sich aus ihren Verstecken wieder hervor, blinzeln in die Sonne, reiben sich den Staub aus den Augen, sehen die Ruinen, die Gräber ringsum und fragen entsetzt: Wie konnte das nur passieren? Daraus entsteht dann die andere, dringende Frage: Gibt es eine Chance zum Neubeginn und zur Versöhnung?

Ehe ich fortfahre, will ich Persönliches einfügen. Denn gerade in lebensbestimmenden und schwierigen Fragen spielt die eigene Erfahrung eine wichtige Rolle. Ich stamme aus Pommern, genauer aus Hinterpommern, dem Land jenseits der Oder, das – wie Ostpreußen oder Schlesien – zum deutschen Osten gehörte und 1945 zum polnischen Westen geworden ist. Nicht irgendein Land, sondern meine Heimat, die kleine Welt der Geborgenheit, in der ich geboren wurde und aufwuchs, die es gestern noch und ganz selbstverständlich gab, versank plötzlich in Feuer und Blut, war verloren in den Schrecken der Flucht oder Vertreibung. Wie konnte das geschehen? Und gibt es für Polen und Deutsche einen Weg zur Versöhnung? Diese Fragen gehen mich seither nicht von außen, nicht abstrakt, sondern im Innersten an, und sie werden mich beschäftigen, solange ich lebe.

Setze einen Anfang, wage den ersten Schritt. Denn damit beginnt die Versöhnung. Eine kleine Geste, die schlichte Frage: »Wie geht es dir?« kann diesen Anfang bilden. Oder man schickt einen Blumengruß, eine Geburtstagskarte. Solche Zeichen der Anteilnahme treiben – vielleicht, nicht sicher – erste Risse in die Mauern des verbitterten Schweigens. Und wie für Einzelpersonen sind auch für Gruppen, für Völker die Gesten wichtig, weil sie Symbolkraft gewinnen. Mit seinem spontanen Niederknien vor dem Totenmal in Warschau hat Willy Brandt mehr für die Aussöhnung zwischen Polen und Deutschen in Gang gebracht als viele Worte.

Ich gebe meinen Rat nicht ohne ein Zögern. Denn wer die ersten Schritte versucht, wird eine überraschende und bestürzende Erfahrung machen. Er stößt auf Unverständnis, auf Empörung, auf Haß – und zwar nicht in erster Linie bei den Menschen, deren Versöhnung man sucht, sondern im »eigenen« Lager, bei angeblichen Freunden, den Landsleuten. »Wie kannst du dich so vergessen, hast du denn gar keine Selbstachtung?« lautet eine typische Frage. Und »Wenn du so weitermachst, kennen wir dich nicht mehr!« die typische Drohung. »Du Schwein, du Verräter, geh' doch zu deinen Polen, die dich bezahlen!« stand in vielen Briefen, die ich erhalten habe – meist tapfer anonym. Sogar die Gewalt drängt aus dem eigenen Lager herbei, jedenfalls auf der historischen Bühne. Mahatma Gandhi wurde von einem fanatischen Hindu, der ägyptische Staatspräsident Anwar as-Sadat von einem Moslem, der israelische Ministerpräsident Jizchak Rabin von einem Juden ermordet.

Warum? Im Kapitel über die Selbstachtung war davon die Rede: Menschen mit unsicherem Selbstbewußtsein klammern sich an den Feind, der ihnen ein Kampfprofil und damit die Bedeutung verschafft, die sie sonst nicht haben. Diese Bedeutung aber wird mit den ersten, noch ungewohnten und eben darum symbolträchtigen Schritten zur Versöhnung unversehens bedroht. Sie müßte einstürzen, wenn die Versöhnung gelänge. Als mit dem Ende des Kalten Krieges und der deutschen Wiedervereinigung die gewohnten Feindbilder sich auflösten, traten nach dem anfänglichen Jubel bald die Entzugserscheinungen zutage. Man suchte und fand den Ersatz, zum Beispiel in wechselseitigen Vorwürfen von »Ossis« und »Wessis« oder im plötzlich aufbrechenden Fremdenhaß.

Ich sage das nicht mit Verachtung, sondern mit Verständnis und füge hinzu: Die Gefahr ist nicht eingebildet, sondern wirklich sehr groß, daß man auf dem Weg zur Versöhnung mit seinen alten Feinden die eigene Bestätigung in neuen Feindschaften sucht und sogar findet. Doch davon abgesehen braucht man jedenfalls Mut und mehr Standfestigkeit, als man zunächst glaubt, um den Anfang zu wagen. Und man kann nur hoffen, aber nicht im voraus wissen, daß man statt der angeblichen die wirklichen Freunde und Weggefährten findet.

Übe Zurückhaltung, heißt mein zweiter Rat. Oder, etwas anders formuliert: *Setze und achte Grenzen.*

Auf den ersten Blick nimmt sich dieser Rat seltsam aus. Steht er nicht im Gegensatz zur Aufforderung, den Anfang zu wagen? Nein, denn nur von kleinen Schritten, von Gesten war vorerst die Rede. Aber es ist wichtig, sie nicht mit der Aufdringlichkeit, mit Umarmungen und Bruderküssen zu verwechseln. Denn die wirken so unecht, so verlogen, wie sie wahrscheinlich auch sind; sie entfachen das Mißtrauen und vertiefen die Gräben.

Um den Sachverhalt in einem Nachkriegswitz zu erhellen: Zwei Autofahrer stoßen auf einer Kreuzung zusammen. Zaghaft, fast unterwürfig nähert sich der eine dem anderen und fragt: »Verehrter Herr, sind Sie vielleicht ein Jude?« – »Nein, wieso?« – »Also ein Deutscher?« – »Ja, natürlich.« Da ändert sich dann die Tonart: »Du Rindvieh, du Trottel, du irrer Raser...« Und schon holt der Mann aus, um zuzuschlagen. Das heißt, ganz ohne Witz: Fast über Nacht wurden nach 1945 aus Antisemiten die unbeirrbaren Parteigänger und Freunde Israels, die sich in der Bewunderung jüdischen Wesens kaum genug tun konnten. Und nun versetze man sich in die Situation eines Juden: Was eigentlich soll er tun? Er muß diese Aufdringlichkeit mit Ekel zurückweisen – und hiernach wohl mit Recht fürchten, daß die Herankriecherei wiederum in die Verfolgungswut umschlägt.

Die Zudringlichkeit ist auch darum gefährlich, weil die bittersten Konflikte durchweg in der Nähe entbrennen. Nicht der Abstand, sondern die Nähe schafft Reibungsflächen und Allergien; Liebe verwandelt sich in den Haß. Wenn ein Verbrechen geschieht, ein Mord oder eine Vergewaltigung, suchen erfahrene Kriminalisten erst einmal im Familien- und Freundeskreis, in der Nachbarschaft nach dem Täter. Die Juden haben sich nirgendwo so zu Hause gefühlt wie in Deutschland, und nirgendwo sonst haben sie einen so großen Beitrag zum Geistesleben, zu Wissenschaft, Kunst und Literatur geleistet. Aber Auschwitz war ein deutsches Vernichtungslager. Die Franzosen sind unsere Nachbarn – und gerade sie, nicht die Spanier oder Mexikaner, galten Generationen hindurch als »der Erbfeind«. Polen und Deutsche haben Jahrhunderte hindurch friedlich miteinander gelebt – und sich dann Schreckliches angetan.

Damit die Versöhnung ihre Chance bekommt, muß man erst einmal einen Sicherheitsabstand herstellen. Im Zweifelsfall deutet der Feind von gestern, der wieder zum Partner werden soll, die stürmischen, im Wortsinne eindringlichen Freundschaftsbekundungen als das Vorspiel eines Rachefeldzugs. Erst wenn er erfährt, daß ich ihn in dem Eigenbezirk seiner Gefühle, Gedanken und Rechtsgeschäfte nicht bloß auf Widerruf, sondern wirklich und auf die Dauer respektiere, kann er durchatmen, seine Ängste hinter sich lassen, mir die Hand reichen und ein Gespräch beginnen. Dies ist mit dem Rat gemeint, Grenzen zu setzen und zu achten.

Grenzen gibt es im übertragenen und im direkten Sinne, und sie alle haben einen zwiespältigen Charakter. Je wilder man an ihnen rüttelt und sie niedertreten möchte, desto dichter verschließen sie sich. Aber sie werden zu Brücken, wenn man sie anerkennt. Ich kann mit meinem Nachbarn gemeinsam ackern und ernten, wenn ich sicher bin, daß er die Grenzsteine nicht mehr versetzen will. Lange haben Deutsche und Franzosen um das Elsaß gezankt und es sich aus den Händen gerissen wie böse Kinder ihr Spielzeug. So gedieh die »Erb«-Feindschaft. Seit aber der Zank beendet und die Zugehörigkeit unumstritten ist, nimmt man die Grenze kaum noch wahr; inzwischen fahren wir nach Straßburg oder in die Vogesen, als seien wir dort zu Hause.

Ähnlich ist es zwischen Deutschland und Polen. Vielmehr:

Ähnlich sollte es sein. Nach dem Ersten Weltkrieg wurden die Grenzen neu gezogen und zum Teil durch Volksabstimmungen gesichert. Aber sie erregten die Ängste und die Verfolgungsgelüste; kein Staatsmann und keine Partei der Weimarer Republik hat es gewagt, sie wirklich anzuerkennen. Der Zweite Weltkrieg begann mit dem Überfall auf Polen und mit der Versetzung der deutschen Grenzsteine weit in den Osten hinaus. Doch die Rache der Sieger schlug zurück und rückte Polen an die Oder und Neiße heran. Danach rief man nach der »Grenze von 1937« – also nach der, die man buchstäblich ums Verrecken nicht hinnehmen wollte, als man sie hatte. Inzwischen ist die Grenze von 1945 in feierlichen Verträgen bestätigt worden, und nach und nach gewinnt sie vielleicht die Brückenfunktion, die zur Versöhnung führt. Aber von der Unterschrift auf einem Stück Papier bis in die Herzen hinein ist es ein weiter Weg, den niemand ohne Schmerzen zurücklegt.

Denn für mich, wie für Millionen von Menschen, liegt meine Heimat unverrückbar in dem Osten, der zum polnischen Westen geworden ist. Sie hat etwas mit der Vertrautheit zu tun, die uns Menschen nur in der Kindheit zuwächst und in die wir mit um so mehr Liebe zurückkehren, je älter wir werden. Allerdings kann man auf diese Vertrautheit keine Grundbriefe oder Erbscheine ausstellen, und sie taugt nicht zur politischen Parole. Darum nehme ich niemandem etwas weg, wenn ich ins hinterpommersche Stolp, nach Rumbske oder nach Glowitz fahre und wenn ich die Menschen treffe, die jetzt dort leben und aufwachsen, längst in der zweiten und dritten Generation, und ihnen sage: Hier bin ich zu Hause. Ich möchte nur unbefangen reisen dürfen und willkommen sein, und dafür ist es wichtig, daß die Grenzen, weil sie anerkannt sind, sich nicht mehr verriegeln, sondern als Brücken tragfähig werden.

Ach, ich habe das so lange und so oft schon gesagt und geschrieben, daß ich müde werde, es zu wiederholen und mich gegen die Mißverständnisse, die Empörung, den Haß zu verteidigen. Dennoch oder gerade darum heißt ein weiterer Rat: *Übe Geduld.* Sie ist die wahrscheinlich wichtigste Tugend, die wir zur Versöhnung und zum Frieden brauchen – wie schon Martin Luther gesagt hat: »Auf dieser Welt muß entweder bald gestorben oder geduldig gelebt werden.«

Geduld, Beharrlichkeit, ein langer Atem: Sie sind nötig, um aus abgründigem Mißtrauen heraus ein neues Zutrauen zu entwickeln. Denn das Vertrauen ist ein sehr kostbares, sehr zerbrechliches Gut; schon ein knapper Wortwechsel oder eine einzige Tat kann es zerstören, aber nur langfristig läßt es sich herstellen.

Ohne Vertrauen werden wir schwerlich zu der Wahrheit finden, die uns nicht trennt, sondern verbindet. Doch zunächst einmal gibt es diese Wahrheit überhaupt nicht. An den Klippen des Unheils, das die Trennung bewirkte, ist sie in zwei Teile zerborsten, die nicht mehr zueinander passen. Jeder weiß genau, was der andere ihm angetan hat und rechnet es als Anklage vor; jeder verdrängt seine eigene Schuld. Mit Friedrich Nietzsche zu reden: »›Das habe ich getan‹, sagt mein Gedächtnis. ›Das kann ich nicht getan haben‹ – sagt mein Stolz und bleibt unerbittlich. Endlich – gibt das Gedächtnis nach.«

Um bei meinem Beispiel zu bleiben: Die eine Wahrheit beginnt 1939 mit dem deutschen Überfall auf Polen. Ein Staat wurde vernichtet, ein ganzes Volk in die Rechtlosigkeit gestoßen. Willkürlich wurden Menschen verhaftet, verschleppt, getötet; das Lager von Auschwitz wurde der Judenvernichtung vorweg gegründet, um die polnische Oberschicht auszurotten. An seinem Bestand gemessen hat im Zweiten Weltkrieg kein anderes Land so große Verluste an Menschen und Kulturgütern erlitten wie Polen. Und in den deutschen Zukunftsplänen sollte es nur noch eine Unterschicht von Sklaven geben, die dazu bestimmt war, der siegreichen Herrenrasse zu dienen. – Alles das ist Wahrheit und läßt sich aus Dokumenten belegen.

Die andere Wahrheit beginnt 1945 mit dem Einmarsch und

der Rache der Sieger. In ihrem Gefolge rückten die Polen nach Ostpreußen, Danzig, Pommern, Schlesien und der brandenburgischen Neumark vor, plünderten die dort lebenden Menschen rücksichtslos aus, oft buchstäblich bis aufs letzte Hemd, und stießen sie dann aus ihrer angestammten Heimat fort in die Fremde. Dieses Unrecht wurde mit der Lüge verbrämt, daß es sich um »urpolnisches«, rechtmäßig »wiedergewonnenes« Land handele. – Auch dies ist die Wahrheit, die man aus unzähligen Schreckensberichten belegen kann.

Das Beispiel läßt sich verallgemeinern; überall, auch und gerade zwischen Einzelpersonen, gibt es im Rückblick aufs Unheil diese halbierten Wahrheiten. Manche ziehen daraus den Schluß, daß man das Vergangene vergessen und begraben soll: »Laß uns nicht mehr darüber reden, die Zukunft ist wichtiger.« Aber das hilft nicht zur Versöhnung, sondern verdirbt sie. Immer gibt es die Leute, die ihren Teil der Wahrheit als Keule benutzen, um auf die »Verräter« einzuschlagen, die die Versöhnung erstreben. Und der andere, verdrängte Teil der Wahrheit nährt heimlich und unheimlich die Ängste vor einem Offenbarwerden der Schuld; diese Ängste verdichten sich zum Haß auf alle, die von der »falschen« Wahrheit reden und dann als »Nestbeschmutzer« gelten.

Beharrlich und sehr behutsam muß man sich also darum bemühen, die zerborstenen Teile wieder zum Ganzen zu fügen. Und noch einmal taugt dazu der Ratschlag: *Setze den Anfang, wage den ersten Schritt.* Indem du das tust, spielst du dem anderen die Möglichkeit zu, daß er deine gute Absicht erkennt und mit dir geht. Das Vertrauen findet einen Nährboden, auf dem es gedeiht und nach dem verbitterten Schweigen bekommt das Gespräch eine Chance. Nur *vergiß niemals die Zurückhaltung und die Geduld;* die noch zarte Pflanze der Versöhnung braucht ihre Zeit, um heranzuwachsen, und man kann sie auch dadurch umbringen, daß man sie übermäßig begießt und düngt.

Zwischen der Entwicklung des Vertrauens und der Wiederherstellung einer verbindenden Wahrheit besteht ein Wechselverhältnis. Das eine wird mit dem anderen gefördert. Auf dieser Grundlage – erst auf ihr! – kann man sich der Zukunft zuwenden. *Suche dir eine Aufgabe,* heißt dazu der Rat. Sei es die Sorge für die Kinder, die unter dem Streit und der Trennung ihrer Eltern litten, oder ein altes Schloß, das als Stätte der Völkerbegegnung neu ersteht: Es gibt unendlich vieles, wofür man sich einsetzen kann. Und nichts führt stärker zusammen als die gemeinsame Verantwortung und das gemeinsame Tun.

Allerdings gehört zum Rat noch ein Nachsatz: Suche dir eine Aufgabe – *und bleibe bei ihr.* Die Beharrlichkeit und Geduld, die man auf dem schwierigen Weg zur Versöhnung braucht, vertragen das Herumspringen nicht. Ebenso wäre von den Kenntnissen und Erfahrungen zu reden, die zur Sache gehören und die man nicht über Nacht erwirbt. Nur aus der Zuverlässigkeit wächst eine wirkliche Partnerschaft. Wenn man wie ein Komet auftaucht und entschwindet, wird das schüchtern keimende Vertrauen gleich wieder zertreten. Um es schneidend zu sagen: Wer überall die Versöhnung und den Frieden stiften will, wird es nirgendwo tun und sollte seine Berufung bei den Marktschreiern finden.

Indem ich dieses Kapitel noch einmal lese, frage ich mich beklommen, ob ich die Schwierigkeiten etwa so groß ausgemalt habe, daß sie abschreckend wirken. Doch es gehört zur Redlichkeit, vor den Illusionen zu warnen: Eine Versöhnung läßt sich wirklich nicht nebenher, sozusagen mit der linken Hand ins Werk setzen.

Um so wichtiger ist sie. Wo die Gewalt beinahe alltäglich ihre Triumphe feiert und die einzelnen wie die Völker wieder und wieder ins Unheil geraten, gibt es eine Zukunft nur, wenn wir uns für die Versöhnung, für den Frieden einsetzen – und uns davon nicht abbringen lassen.

Um noch einmal persönlich zu berichten: Manchmal erhalte

ich Briefe, in denen ich lese: »Ich bin eine alte Frau, und die Vertreibung aus unserer Heimat gehört zu den Erinnerungen, die ich niemals vergesse. Aber nun haben Sie mir erklärt, daß wir unsere Bitterkeit überwinden und an die Enkel denken sollen, damit ihnen nicht mehr geschieht, was wir erlitten. Das habe ich verstanden und werde es weitersagen. Denn ich liebe doch meine Enkel. Vielen Dank!«

Nein, ich habe zu danken. Denn für solche Briefe hat sich alle Mühe gelohnt.

Vom Guten und von der Skepsis

»Und Gott der Herr sprach: Siehe, Adam ist geworden wie unsereiner und weiß, was gut und böse ist.«

Das ist das Zeichen zur Menschwerdung, von der an ihrem Anfang die Bibel erzählt: Auf den Rat der Schlange kosten Adam und Eva die Früchte vom Baum der Erkenntnis des Guten und Bösen – und werden aus dem Paradiesgarten vertrieben in ein Leben, in dem sie nicht nur sterben müssen wie die Tiere, sondern den Tod kennen. Von da an bis heute und wohl in alle Zukunft hinein werden wir gemahnt, wie im 34. Psalm: »Laß vom Bösen und tue Gutes.«

Die Frage ist freilich, ob wir wirklich wissen, was das Gute ist und wo wir es finden. Schon der biblische Gott mußte offenbar nachhelfen, indem er durch Moses sein Volk mit den Gesetzestafeln der Zehn Gebote versorgte. Sieht man an, was auf ihnen geschrieben steht, so stößt man hauptsächlich auf die Verbote des Bösen: »Du sollst nicht töten. – Du sollst nicht ehebrechen. – Du sollst nicht stehlen. – Du sollst kein falsch Zeugnis reden wider deinen Nächsten.«

Das klingt sehr klar – und verschwimmt in der Wirklichkeit doch höchst zweideutig. Wann zum Beispiel soll man nicht töten? Oder wann doch? Der Gott der Bibel verordnet in vielen Fällen die Todesstrafe und führt sein Volk in höchst grausame Kriege, in denen »Mann und Weib, jung und alt, Ochsen, Schafe und Esel« nicht verschont werden. Nach heutigem Verständnis handelt es sich um Kriegsverbrechen, die von einem internationalen Gerichtshof abgeurteilt werden müßten.

Wann also werden Soldaten zu Mördern, wann nicht? Darf

die Bundeswehr nur zur Verteidigung des NATO-Gebiets eingesetzt werden – oder auf Bitten der Vereinten Nationen irgendwo auf der Welt, um den Frieden zu sichern? Und wie ist es, wenn zwar dem Morden ein Ende gemacht werden soll, aber der Frieden erst mit Waffengewalt hergestellt werden muß? Eherne Grundsätze helfen zur Selbstgewißheit, aber kaum in wechselnden Situationen. In den dreißiger Jahren erklärten englische Studenten, daß sie auf keinen Fall für König und Vaterland kämpfen würden; dieselben jungen Leute waren es dann, die 1940 als Jagdflieger in der Luftschlacht um England die letzte europäische Festung der Freiheit vor dem Ansturm der Barbarei retteten.

Durch die Jahrtausende hindurch haben sich die Weisen darum bemüht, eindeutige Regeln zu finden. Mit Recht berühmt wurde der kategorische Imperativ, den Immanuel Kant formulierte: »Handle so, daß die Maxime deines Willens jederzeit zugleich als Prinzip einer allgemeinen Gesetzgebung gelten könne.« Was daher dem einen nützt, dem anderen aber schadet, darf nicht geschehen. Einfacher und handfester drückt es der Volksmund aus: »Was du nicht willst, das man dir tu', das füg' auch keinem andern zu.« In vieler Hinsicht nimmt übrigens Kant das Grundrecht auf Gleichheit vorweg.

Doch im Tagesgetümmel läßt sich oft nicht erkennen, ob der Grundsatz befolgt oder verletzt wird. Außerdem gehört zur modernen und freiheitlichen Gesellschaft der Kampf der Interessen. Wofür sind denn die Gewerkschaften da? Oder was tut der Unternehmer, der ein neues, deutlich verbessertes Produkt auf den Markt bringt und damit den Konkurrenten ruiniert? Was dient konkret und im strittigen Einzelfall dem Gemeinwohl, was nicht? Muß man denen nicht mißtrauen, die sich immerfort als seine Erbpächter aufspielen? Fragen über Fragen, und die Verwirrungen nehmen kein Ende.

Für die politische Ethik hat Kant einen schönen Grundsatz gefunden: »Alle auf das Recht anderer Menschen bezogenen

Handlungen, deren Maxime sich nicht mit der Publizität verträgt, sind unrecht.« Denn, so fährt Kant fort, was ich verheimlichen muß und nicht an die Öffentlichkeit bringen darf, um mein Ziel zu erreichen, gibt sich damit schon als das Unrecht zu erkennen, das sich zu verbergen hat.

Zur Nutzanwendung bietet unsere neuere Geschichte die eindringlichen Beispiele. Nach Kriegsbeginn wurde im »Dritten Reich« unter höchster Geheimhaltung die Vernichtung der Geisteskranken begonnen; sie mußte zunächst einmal abgebrochen werden, als ein mutiger Mann, der Bischof von Münster Clemens August Graf Galen, sie in seinen Predigten öffentlich machte. Auch die Judenvernichtung war »geheime Reichssache«; viele wußten von ihr, doch das Unheil nahm seinen Lauf, weil niemand mit der gebotenen Deutlichkeit zu reden wagte, nicht einmal die Alliierten oder der Papst.

Leider stößt man auch auf Gegenbeispiele, die die Klarheit des Prinzips wieder verwischen. Es gibt Staatsgeheimnisse, die bewahrt werden müssen; die Verteidigung der Freiheit kann zerbrechen, wenn sie verraten wird. Andererseits spricht eine erregte Öffentlichkeit vom Verrat, wenn nach einem bitteren Konflikt der Frieden geschlossen werden soll; oft führen dann nur die Geheimverhandlungen zum Ziel.

Alles in allem: Es ist leicht, das Gute zu predigen, aber in der Praxis fällt es oft schwer, es zu erkennen und vom Bösen zu unterscheiden. Und etwas höchst Unheimliches kommt noch hinzu: Ausgerechnet im Namen des Guten werden – und guten Gewissens – Ströme von Blut vergossen und die schlimmsten Untaten begangen. Wer ohne den Schatten eines Zweifels für das Gute eintritt, gerät schnell in die Gefahr, daß er im Andersdenkenden nur noch das abgründig Böse, den Feind erkennt, der verfemt, verfolgt und vernichtet werden muß, um dem Guten zum Sieg zu verhelfen.

In ihrem festen und guten Glauben haben Christen Kreuzzüge geführt, gefoltert und Hexen verbrannt, die Indianerkulturen in Mexiko und Peru vernichtet. Oder worum handelt es sich, wenn wir – nun natürlich als die besserwisserisch Außenstehenden – über die Gewalttaten erschrecken, die im Namen des Islam begangen werden? Erst recht hat der Glaube an die Nation schrecklich gewütet und tut es in manchen Weltgegenden bis heute. »Hat eigentlich die Skepsis auf die Schlachtfelder geführt oder der Glaube?« fragt darum Karlheinz Deschner mit Recht. Nicht selten sind es gerade die besonders sensiblen jungen Menschen, die das Unvollkommene nicht ertragen und dagegen eine Utopie des Guten setzen – um in ihrem Namen dann zu Terroristen, zu Mördern zu werden.

Umgekehrt heißt das: Wer Menschen dazu bringen will, daß sie skrupellos kämpfen, morden und sich selbst so begeistert zum Opfer bringen, als sei dies die Erfüllung ihres Lebens, der muß vom absolut Guten und Bösen, von den Kindern des Lichts und den Kindern der Finsternis reden; er muß eine Aussicht auf die Erlösung, auf das Menschheitsheil eröffnen, das nur durch die Vernichtung hindurch erreicht werden kann. Adolf Hitler war ein Meister darin, in diesem Sinne den Deutschen und vor allem der Jugend zu predigen. Oder wie der französische Soziologe Jules Monnerot es am Stalinismus abgelesen hat: »Um mitten im Frieden die kriegerischen Aktionen, die konzentrazionären Praktiken, die Polizeitorturen und das Wiederauftauchen der Sklaverei zu entschuldigen, braucht man nichts Geringeres als eine Verheißung des Paradieses. Auf diese Weise kommt es zu einer unmittelbaren Verbindung zwischen Heilsgewißheit und menschlicher Scheußlichkeit.«

Der Ratschlag ergibt sich aus dem Gesagten fast von selbst: *Sei mißtrauisch, bleibe skeptisch, wenn jemand dir zu deiner Errettung oder zum Menschheitsheil seine Rezepte des Guten aufdrängen will, besonders wenn er zugleich die Teufelsbilder des Bösen ausmalt, gegen das du kämpfen sollst.* Dieser Rat mag zwar nicht zum lohnenden Leben helfen, aber er bewahrt vor dem falschen.

Meine Fürsprache für die Skepsis stammt aus bitteren Erfahrungen, und ich will von ihnen berichten. 1933, bei der nationalsozialistischen »Machtergreifung«, war ich knapp sechs und 1945, am Ende des Zweiten Weltkriegs, knapp achtzehn Jahre alt. Ich gehöre also zu der Generation, die im »Dritten Reich« aufwuchs und seiner Propaganda ausgeliefert war wie keine andere. In der Schule lernten, in der Hitler-Jugend sangen wir Lieder wie den »Deutschen Schwur« von Rudolf Alexander Schröder, in dem es hieß:

»Bei den Sternen steht,
was wir schwören;
der die Sterne lenkt,
wird uns hören.
Eh der Fremde dir
deine Krone raubt,
Deutschland, fallen wir
Haupt bei Haupt.

Heilig Vaterland,
heb zur Stunde
kühn dein Angesicht
in die Runde.
Sieh uns all entbrannt
Sohn bei Söhnen stehn:
Du sollst bleiben, Land!
Wir vergehn.«

Schröder war kein Nationalsozialist, und er schrieb sein Lied nicht zum Beginn des Zweiten, sondern des Ersten Weltkriegs, im August 1914. Was es sagte, war der deutsche Glaube, den Hitler nur aufgriff und nutzte: Das Gute, der Sinn des Lebens erfüllt sich im Sterben. Mit diesem Glauben gerüstet, in ihn eingeschlossen wie in einen Panzer, zogen wir Siebzehnjährigen dann im Februar 1945 in den verzweifelten, längst verlorenen Kampf, und nach zwei Wochen waren von 160 Jungen noch 40 übrig.

Heute weiß man, was lange geleugnet wurde: daß nicht nur die SS, sondern auch die Wehrmacht tief in die Verbrechen der Gewaltherrschaft verstrickt war. Doch das Übel saß ja viel tiefer. Ohne die Wehrmacht hätte Hitler seinen Eroberungskrieg gar nicht erst anfangen können. Und jeder Tag des tapferen Ausharrens kam der Mordmaschine in Auschwitz und anderswo zugute; mit jedem Tag wurden im Bombenhagel die Frauen und Kinder erschlagen, die zu schützen man vorgab.

Wir, die damals Überlebenden, haben bald nach 1945 erkannt, was offensichtlich war: Wir erlagen und folgten dem Wahn, mit dem man uns aufzog. Ohne Verabredung, ganz in der Stille haben wir darum neu geschworen: Das soll uns nie wieder passieren. Etwas später hat der Soziologe Helmut Schelsky uns wohl mit Recht einen Namen verliehen: die skeptische Generation.

Nun allerdings erhebt sich bei den heute Jungen ein Murmeln und Murren, aus dem ich heraushöre: »Das sind eure uralten Geschichten, die ihr immer wieder erzählt. Bis zum Überdruß haben wir sie gehört und gelesen. Doch was sagen sie uns? Wir begreifen ja längst, worauf es ankommt, und wir werden dem Rattenfänger ganz gewiß nicht mehr folgen.«

Ach, ihr naseweisen jungen Leute! Oder fast hätte ich gesagt: Ihr Kindsköpfe! Natürlich kehrt nicht wieder, was einmal war; der auferstandene Hitler würde sich lächerlich machen, oder allenfalls völlig Bornierte würden ihm folgen. Aber der Verführer tritt in immer neuen Verkleidungen, unter ganz anderen, dem Anschein nach ehrenwerten Vorzeichen auf – wie in Goethes »Faust« Mephisto schon von den Studenten in Auerbachs Keller gesagt hat: »Den Teufel spürt das Völkchen nie, und wenn er sie beim Kragen hätte.«

Wenn ich mich umschaue, spüre ich überall den alten, offenbar unzerstörbaren Idealismus, die Sehnsucht nach der Utopie oder sozusagen nach dem drohenden Weltuntergang, um gegen ihn die Kräfte des Guten zu mobilisieren. Die Sekten, die Errettung versprechen, haben Konjunktur, wie die Esoterik, die Geisterbeschwörungen; schlimmstenfalls huldigt man dem Guten in seiner Umkehrung, in Satansmessen. Und nur zu leicht wird die Grenze zur Gewalt überschritten. Man kämpft zum Beispiel gegen die Atomindustrie. Warum nicht? Aber auch, indem man den zivilen Zugverkehr zum Stillstand und womöglich zum Entgleisen bringt? Oder man will das Freiheitsrecht der Tiere durchsetzen. Auch mit Einbrüchen, mit Überfällen und – wie jedenfalls schon angekündigt – mit Körperverletzung und dem Mord an Menschen? Was, außer der Berufung aufs selbsterfundene gute Gewissen, unterscheidet da noch von der Gewalt, die man verabscheut, etwa von der Brandstiftung in Ausländerheimen? Längst sind gelehrte Abhandlungen über das irrende Gewissen geschrieben worden; man sollte sie lesen, bevor es zu spät ist und man dann im Rückblick – wie meine Generation – sagen muß: Das haben wir nicht gewollt.

»Aber mit der Skepsis allein kann man nicht leben«, wird mir entgegnet. »Wir brauchen doch das Positive, Aufgaben und Ideale – und vor allem die Vorbilder, an die wir uns halten können!«

Dagegen ist nichts einzuwenden, und wer nach Vorbildern sucht, wird sie finden. Man denke an den »Urwalddoktor« Albert Schweitzer, an die Mutter Teresa, die ihr Leben in Indien den Ärmsten der Armen, den Einsamsten, den Sterbenden gewidmet hat, oder an Nelson Mandela, den Mann der Versöhnung. Meine Skepsis läßt mich nur zwei Anmerkungen machen.

Erstens stehen diese Vorbilder sehr hoch und sehr weit entfernt. Sie gleichen, mit Verlaub, den Heiligenbildern in bayerischen Bauernstuben; man darf sie bewundern und verehren.

Vielleicht ermutigen sie uns auch: Dies also vermögen Menschen zu tun. Aber unser Alltagsleben bleibt unberührt; es verläuft in anderen Bahnen. Mein Rat heißt daher: *Suche dir Vorbilder zum Anfassen, in deiner Nähe.* Überall und gerade im Unscheinbaren findet man Menschen, die sich aufs Gute verstehen. Wenn wir sie beobachten, mit ihnen sprechen, ihre Zuwendung erfahren, lernen wir etwas für den eigenen Gebrauch. Vielleicht begeistern sie uns sogar zum Mittun.

Meine zweite Anmerkung gilt der Selbstlosigkeit, die so oft ins Spiel kommt, wenn von Idealen und Vorbildern die Rede ist. Ich gestehe, daß ich diesem Begriff gründlich mißtraue; darum werde ich ihm gleich noch ein eigenes Kapitel widmen. Im Blick auf die großen Vorbilder beruht er ohnehin auf Unverständnissen. Albert Schweitzer war ein vielschichtiger, durchaus kantiger und unbequemer, in manchem sogar autoritärer Charakter. Und bei Mutter Teresa oder Nelson Mandela vermute ich ähnliches. Jedenfalls verfügten beziehungsweise verfügen sie über ein unbeugsames Selbstbewußtsein; anders hätten sie ihre Lebensleistung niemals erbringen können.

Wer sein Selbst loswerden will, der verfällt schon dem Wahn, dem meine Generation einst erlag; die Führer und falschen Propheten warten auf ihn, unter welchen Vorzeichen immer. Großherzig erklären sie, daß sie unser Selbst treuhänderisch verwalten werden. Und indem sie es an sich bringen, bleibt für uns nur, sie anzubeten und ihnen hörig zu sein: »Führer befiehl, wir folgen!« Übrigens ist das ein altes, stets neues Lied: Wovon sonst handeln die Geschichten vom Pakt mit dem Teufel, dem man für kurzen Gewinn auf ewig seine Seele verschreibt?

Ein guter, durchaus positiver Rat läßt sich mit der Skepsis nicht nur verbinden, sondern er gehört elementar zu ihr. Was er meint, möchte ich im Bild anschaulich machen. Ein Segelboot neigt sich unter dem Druck des Windes, und womöglich droht es zu kentern. Daher lehnt sich die Besatzung so weit wie möglich über die andere Bordwand hinaus, um ein Gegengewicht zu schaffen. Neigt das Boot nach rechts, seemännisch gesprochen nach Steuerbord, so findet man die Besatzung links, an Backbord. Oder umgekehrt; je nach der Windrichtung wechselt man die Seite.

Das heißt mit anderen Worten: In der Welt, in der wir leben, wechseln oftmals, nicht selten sprunghaft und kaum berechenbar die Winde, die Modeströmungen des Zeitgeistes. Leider verhalten sich seine Passagiere nicht sachgerecht wie die Segler, sondern sehr töricht; sie stürzen der Seite zu, nach der hin sich das Boot ohnehin neigt. Und wenn es dann kentert, verfallen sie in Panik: Rette sich, wer kann! Daraus folgt nun der Rat: *Bleibe skeptisch gegenüber dem gerade Gefälligen – und halte dich im Zweifelsfall stets an die andere Seite.* Das bringt natürlich auch Nachteile mit sich; zur Beliebtheit in der Menge trägt es kaum bei. Aber die Vorteile überwiegen.

Erstens befindet man sich nicht bei den vielen, sondern bei den wenigen und bei den eher charakterfesten als den charakterlosen Leuten. Diese Außenseiter aber richten, eben weil sie in der Minderheit sind, weit weniger Unheil an als die modischen Mehrheiten.

Zweitens verführt das Gefühl, in der Mehrheit und stark zu sein, zur Blindheit und Dummheit. Im Getümmel sieht, im Feldgeschrei der vielen hört man nichts mehr. Auf der Gegenseite bewahrt man dagegen einen kühlen und klaren Kopf.

Drittens brauchen die Minderheiten, die Schwächeren, die Ausgelachten und Verfemten Ermutigung und Hilfe; indem wir uns zu ihnen gesellen und ihnen beistehen, tun wir tatsächlich Gutes.

Nur eines dürfen wir niemals vergessen: Wenn dann die Winde umschlagen, die Menge auf uns zuströmt und womöglich uns feiert, weil wir so standhaft blieben, wird es höchste Zeit, wieder die Seite zu wechseln.

Von der Selbstlosigkeit

»Je mehr du dich selbst liebst, desto mehr bist du dein eigener Feind.«

Kluge Leute haben – 1993 – diesen Satz in eine Sammlung bedenkenswerter deutscher Zitate und Aussprüche aufgenommen. Er stammt von Marie von Ebner-Eschenbach, die 1916 starb und noch heute als eine bedeutende Schriftstellerin gilt. Aber ich halte ihn nicht für eine Weisheit, sondern für ganz und gar töricht. Im übrigen stellt er sich höchst unchristlich dar; er steht im Gegensatz zu dem Gebot: »Du sollst deinen Nächsten lieben wie dich selbst.« Denn wie soll das gelingen, wenn wir uns selbst nicht lieben?

Doch die Selbstlosigkeit gehört zum Kernbestand traditioneller Tugendlehren. »Der brave Mann denkt an sich selbst zuletzt«, hieß einmal ein geflügeltes Wort aus Schillers »Wilhelm Tell«. Selbstlos und pflichtbewußt leistet er als Beamter seinen Dienst für König und Vaterland oder als Angestellter in der Firma Zuckerbrot & Peitsche. Die teure und treue Gattin dient wiederum selbstlos dem Herrn Gemahl. Und in einem Gebet, das Martin Luther für Dienstboten oder Lehrlinge verfaßte und das noch in unserem Jahrhundert evangelische Gesangbücher zierte, wird gesagt: »Ich will gern tut, was ich tun soll, meinem Herrn, meiner Frau und meinem Meister zu Gefallen sein und lassen, was sie wollen. Ob ich gleich zuweilen gescholten werde, was schadet's ...« Mit einem Wort: Die Selbstlosigkeit taugt zur Tugend für Untertanen.

Gottlob, das ist vorbei, möchte man meinen; wir sind kratzbürstig geworden. Wenn man den landläufigen Klagen über

Wertewandel und Werteverfall glauben soll, sind wir sogar beim Gegenextrem angekommen. Der Egoismus und die Ellenbogen regieren. »Jeder für sich und Gott für uns alle«, heißt die Parole. Und wenn nicht alle, dann doch immer mehr Menschen suchen ihren Vorteil auch mit unlauteren Mitteln. Der Ehrliche ist der Dumme, belehrt uns Ulrich Wickert.

Aber ich traue diesem Gesinnungswandel nicht über den Weg. Mindestens ebenso mächtig ist eine Gegenströmung, die Sehnsucht danach, sein Selbst zu verlieren. Dabei will ich jetzt nicht mehr von den politischen Gefahren einer Selbstentmündigung sprechen, von denen im vorigen Kapitel die Rede war, sondern tiefer und, wenn man so will, philosophischer ansetzen.

Es ist uns aufgegeben, daß wir ein Verhältnis zu uns selbst finden. Das ist eine schwierige Aufgabe, aber wir müssen sie leisten, denn sie gehört zum Menschen als Menschen. Einmal mehr erzählt der Anfang der Bibel, worum es sich handelt. Gott verbietet Adam, die Früchte vom Baum der Erkenntnis zu essen, »denn welchen Tages du davon ißt, wirst du des Todes sterben«. Die Schlange aber verführt Eva, indem sie sagt: »Ihr werdet mitnichten des Todes sterben; sondern Gott weiß, daß, welchen Tages ihr davon esset, so werden eure Augen aufgetan ...«

Waren Adam und Eva bis dahin etwa blind? Nein, natürlich nicht. Nur sahen sie, wie die Tiere es tun, eingebettet in ihre Umwelt. Das Kosten vom Baum der Erkenntnis bedeutet, daß sie sich selbst entdecken und zu ihren eigenen Zuschauern werden. Das »Ich« entsteht und damit das »Du«. Genauer: Im Ich steckt schon das Du. Denn sobald ich »Ich« sage, spreche ich bereits von dem »Du«, das ich selbst bin. Ich habe einen Abstand, ein Verhältnis zu mir gewonnen; ich sehe mich an und werde mir fragwürdig. Die biblische Geschichte bringt das anschaulich zum Ausdruck, wenn sie plötzlich die Scham auftreten läßt. Das Ich blickt auf den eigenen Leib und erkennt:

Du bist nackt. Und die Erkenntnis überfällt mich, daß es dem Partner-Ich ergeht wie mir; es entdeckt mit seiner eigenen Nacktheit auch meine.

Entsprechend das Sterben, von dem die Rede ist. Gott spricht wahr – und die Schlange ebenso: indem ich zur Selbst-Erkenntnis gelange, lerne ich mich als das Lebewesen sehen, das jetzt in der Welt ist und es einmal nicht mehr sein wird. Ich sterbe noch nicht, aber ich entdecke den Tod.

Der Tod führt mich vor die Frage, warum ich überhaupt in der Welt bin und wofür mein Leben sich lohnt. Um es lohnend zu machen, muß ich ihm eine Form geben und es so einrichten, daß es als sinnvoll erscheint. Daher kann der Mensch die Wirklichkeit um ihn her nicht lassen, wie sie ist, sondern muß sie nach seinen Vorstellungen verändern. Wie Max Scheler es ausgedrückt hat: »Mit dem Tier verglichen, das immer ›Ja‹ zum Wirklichsein sagt – auch da noch, wo es verabscheut und flieht –, ist der Mensch der ›Neinsagenkönner‹, der ›Asket des Lebens‹, der ewige Protestant gegen alle bloße Wirklichkeit.« Dieser Protestant gegen das natürlich Gegebene wird zum Weltgestalter und daher zum Werkzeugmacher, zum Arbeiter, zum Forscher und zum Ingenieur, aber auch zum Künstler, zum Tänzer und Schauspieler.

Im Neinsagenkönnen ist zugleich die Gefahr des Zerstörens angelegt – wie der Natur so der eigenen Existenz. Wenn das lohnende Leben mißlingt und keine Hoffnung bleibt, es zu erreichen, kann der Mensch in den Selbstmord flüchten. Oder er kann den ermorden, der seinen Vorstellungen im Weg zu sein scheint, wie Kain seinen Bruder Abel. Selbstmord und Mord gehören zu den Möglichkeiten, die in der Selbst-Erkenntnis angelegt sind, wie andererseits Freiheit und Verantwortung.

Nicht erst in der Geschichte vom Brudermord, sondern ihr vorweg schon im Bericht von der unwiderruflichen Vertreibung aus dem Paradiesgarten – das heißt aus der Einbettung in die gegebene Natur – erzählt die Bibel tiefsinnig von den Folgen der Selbstentdeckung. Diese Vertreibung ist unwiderruflich, und seither ist der Mensch mit dem Fluch beladen, im Schweiße seines Angesichts sein Brot zu essen und ein Leben nach den eigenen Vorstellungen einzurichten.

Aber es ist verständlich, daß wir uns nach einer Heimkehr in die verlorene Unschuld sehnen und wieder »paradiesisch« leben möchten, eingebettet ins Unberührte: in eine Natur, nicht wie wir sie gestalten, sie kultivieren oder womöglich verderben, sondern wie sie von ihrem Ursprung her ist. Sind wir nicht die Ausgestoßenen der Schöpfung? Haben wir uns mit der Selbst-Entdeckung nicht eine Last aufgeladen, die wir kaum mehr ertragen? Rainer Maria Rilke sagt in der Achten Duineser Elegie:

»O Seligkeit der *kleinen* Kreatur,
die immer *bleibt* im Schoße, der sie austrug;
O Glück der Mücke, die noch *innen* hüpft,
selbst wenn sie Hochzeit hat: denn Schoß ist alles.

Und wir: Zuschauer, immer, überall,
dem allen zugewandt und nie hinaus!
Uns überfüllts. Wir ordnens. Es zerfällt.
Wir ordnens wieder und zerfallen selbst.«

Seit Menschengedenken und immer neu, zu allen Zeiten und in allen Kulturen haben Dichter, Religionsstifter, Heilige, Mönche vom Selbstvergessen und dem Heimweg ins Ursprüngliche geträumt. In Meditation, in mystischer Versenkung, in radikaler Askese oder in der Ekstase, in der Verzückung haben sie versucht, sie zu erreichen. Zu den Kennzeichen der modernen europäischen Geschichte gehört dagegen, daß die Erlösung nach vorn, in die Zukunft verlegt wird. Davon sprechen die Utopien.

Ich bitte um Verzeihung für die Spazierwege meiner Gedanken. Aber ich hoffe, daß jetzt deutlich ist, was ich zeigen wollte: Hinter der Selbstlosigkeit steckt viel mehr als eine verstaubte und vergleichsweise harmlose Tugend für Untertanen, die man in Geschichtsbüchern oder Museen besichtigen kann. In der letzten Instanz verbirgt sich hinter ihr der Fluch, der Sündenfall, der Lastcharakter des Menschseins, an dem wir alle tragen – und die Sehnsucht danach, sich der Last zu entledigen, der Traum von der Heimkehr in den Schoß der Natur, der uns austrug.

Allerdings wechseln die Umstände. Wo man gesichert und mit einer ererbten Selbstachtung lebt, wie herkömmlich zum Beispiel die englischen Eliten, da spürt man die Lasten kaum oder nimmt sie überhaupt nicht wahr. Da ist die Selbstlosigkeit verdächtig, eine Sache für kranke Seelen oder die seltsamen Leute vom Festland. Jedenfalls für den Gentleman gehört sie sich nicht.

Oder wo im Traditionssinne der christliche Glaube noch Macht hat, da muß man sich nicht anfechten lassen. Man singt und man glaubt: »Christus, der ist mein Leben, Sterben ist mein Gewinn …« Man weiß: In dieser Welt ist kein Heil, doch es gibt die Auferstehung von den Toten, die Erlösung und Heimkehr ins himmlische Paradies.

Aber manchmal kommt wie verhext alles Ungünstige zusammen. In der neueren deutschen Geschichte gesellte sich zur Tugendpredigt der Selbstlosigkeit der rasch wachsende Glaubensverlust. Schon Heinrich Heine hat erkannt, daß das Unerhörte möglich wird, wenn der schützende Talisman, das Kreuz zerbricht, und Friedrich Nietzsche verkündete den Tod Gottes. Inzwischen glauben sogar Pastoren kaum noch an die Auferstehung – und um so dringender sucht man nach dem irdischen Garten Eden.

Als im November 1918 alle Machtträume jäh zerbrachen, als schließlich in der Weltwirtschaftskrise für Millionen von Menschen sich mit keiner Leistungsbereitschaft noch etwas erreichen ließ, schwoll die Sehnsucht nach dem innerweltlichen Erlöser zum reißenden Strom. Was Hitler emportrug und zum FÜHRER machte, war nicht, daß er den Menschen etwas versprach, etwa Arbeit und Brot. Das taten auf die eine oder andere Weise alle Politiker und Parteien. Nein, Hitler forderte etwas, alles: die Unterwerfung und Selbstaufgabe. Und wenn er etwas versprach, dann die Erlösung von der Last der Selbstverantwortung. Er, und nur er allein, wollte sie auf sich nehmen. Dafür brauchte er die unumschränkte Macht, und je mehr sie ins Ungemessene wuchs, desto lauter scholl zum Erlöser der Jubel empor.

Übrigens kann man schon in Hitlers Buch »Mein Kampf« nachlesen, worum es sich handelte. Einerseits werden die Juden als Statthalter der Selbst-Sucht dargestellt. Indem man sie vernichtet, löscht man symbolträchtig das Selbst-Sein aus. Andererseits verkörpern die Herrenmenschen den Idealismus, von dem es heißt: »Wir verstehen darunter nur die Aufopferungsfähigkeit des einzelnen für die Gesamtheit, für seine Mitmenschen.« Und: »Er allein führt die Menschen zur freiwilligen Anerkennung des Vorrechtes der Kraft und der Stärke und läßt sie so zu einem Stäubchen jener Ordnung werden, die das ganze Universum formt und bildet.« Man vergleiche das mit dem Satz, den Ernst Jünger 1932 schrieb und den man wohl mehrfach lesen muß, um das Unheimliche zu begreifen: »Das tiefste Glück des Menschen besteht darin, daß er geopfert wird, und die höchste Befehlskunst darin, Ziele zu zeigen, die des Opfers würdig sind.« In diesem Satz, denke ich, wird die Katastrophe, die Vernichtung des Menschlichen gefeiert und angekündigt, zu der es dann kam.

»Das sind wieder deine alten Geschichten«, höre ich sagen. »Was gehen sie uns noch an?«

Sehr viel, fürchte ich. Ich bitte, sich einmal umzusehen und zu fragen: Warum haben die Sekten Konjunktur, warum denn ziehen sie trotz aller Warnungen so viele und nicht zuletzt jüngere Menschen in ihren Bann? Was versprechen sie, wenn nicht die Heimkehr in einen schützenden Schoß, die Befreiung von der Last des Selbst-Seins, die dann die Gemeinschaft und in ihr ein Führer, der Guru, ein Prophet übernimmt? Verbirgt sich hinter der Beschäftigung mit alten oder neu erfundenen Kulten, asiatischen Weisheiten, mit Ekstase, Mystik, Esoterik etwa eine ähnliche Sehnsucht? Was sucht man im ekstatischen Tanz, bei der Überwältigung durch dröhnende Rhythmen, was in der Droge, was im Alkohol, wenn nicht die Selbstvergessenheit zumindest auf Zeit?

Ich will noch ein Beispiel anführen, das auf den ersten Blick ganz anders und sehr achtenswert aussieht, das Buch von Erich Fromm »Haben oder Sein – Die seelischen Grundlagen einer neuen Gesellschaft«. Es verdient Aufmerksamkeit schon als ein Zeichen von Zeitströmungen; es erschien 1976 und wurde schnell zum Kultbuch. In wenigen Jahren war eine Millionenauflage erreicht.

Kurz gesagt geht es darum, daß das »Sein« gut und das »Haben« verwerflich ist. Fromm sagt: »Mit ›Sein‹ meine ich eine Existenzweise, in der man nichts hat und nichts zu haben begehrt, sondern voller Freude ist, seine Fähigkeiten produktiv nutzt und eins mit der Welt ist.« Es handelt sich also um eine moderne Predigt der Selbstlosigkeit. Wie allerdings das Einssein mit der Welt erreicht werden soll, wird nie ganz deutlich. Vielleicht liegt das daran, daß die Sprache versagt; es geht um Versenkung, Gefühl und Erlebnis. Mystik kommt ins Spiel, die das Schweigen, nicht das Reden gebietet, wie bei der Erleuchtung Buddhas oder bei dem mittelalterlichen Meister Eckhart, den Fromm mit Vorliebe zitiert. Oder allenfalls indirekt ist eine Wegweisung aus der »Seinsvergessenheit« möglich, wie bei dem Philosophen des 20. Jahrhunderts, Martin Heidegger.

Um so deutlicher zeigt sich das Negative. »Haben« macht unglücklich, um so mehr, je einseitiger es als Gier nach dem Besitz mißverstanden wird. Das »Glück« des Habens verkehrt sich zur Schadenfreude am Unglück der Verlierer, der Habenichtse. Schon im 17. Jahrhundert hat Thomas Hobbes das ausgeplaudert, als er die Formen des Habens – Wissen, Ehre, Ruhm, Macht – musterte und erklärte: »Wenn alle Menschen sie haben, so hat keiner sie, weil ihr Wesen im Vergleichen und im Vorzug vor anderen liegt.«

Seelische Grundlage unserer Zivilisation ist daher der Neid. Im unerbittlichen Konkurrenzkampf geht die Angst um, zu den Verlierern zu gehören, und die Aggression bricht hervor, die andere Menschen und die Natur rücksichtslos ausbeutet, um den eigenen Vorteil zu sichern. Letztlich regiert die Gewalt, auch in einem Staatswesen, das die bestehende »Ordnung« sichert. Das heißt mit anderen Worten: »Haben« ist unnatürlich, und nur das »Sein« führt uns zurück ins gute und natürliche Leben.

In einem bestimmten Sinne trifft das sogar zu. Zum Menschsein gehört tatsächlich der Sündenfall der Erkenntnis, der uns aus dem Paradies der Geborgenheit im Schoße der Natur unwiderruflich vertrieb und dazu verurteilte, Geschichte zu haben und Kultur zu entwickeln. Das heißt aber auch: Fromms Ansatz ist von Grund auf falsch; er verfehlt das Wesen des Menschen. Nicht auf das Entweder-Oder, sondern auf die Wechselbestimmung von »Haben« und »Sein« kommt es an. Zum Beispiel sind wir Leib – und haben einen Körper. Darum »sind« unsere körperlichen Fähigkeiten eben nicht schon von Natur aus fertig da, sondern wir müssen sie mühsam erst erkunden und erwerben, um sie zu besitzen. Es ist unsere Aufgabe, unsere Freiheit und Verantwortung, daß wir sie zum Können, zur Künstlerschaft entwickeln – oder sie verkommen lassen und womöglich zerstören. Und wie denn soll man es deuten, daß wir alle auf der Bühne des Lebens als Selbst-Darsteller, als die Schauspieler auftreten, die ihre eigenen Zuschauer sind – wenn nicht aus dem Haben unseres Seins, aus der Verdoppelung unseres Leibes und der Seele zum »Du«, die im »Ich« immer schon angelegt ist?

Entsprechend die Sprache. Auch sie ist nicht als Natur fertig da, sondern sie muß als ein Kunstwerk erlernt, ausgebildet, gemeistert werden. In der Sprache gewinnen und haben wir uns und die Welt. Das Wort schafft Abstand, es befreit aus dem »Urschrei« oder dem Lautgeben, das bloß an die Situation gebunden ist; es macht mächtig über sie hinaus. Aber mit den Namen, die wir uns, den Pflanzen, Tieren, Landschaften, den Sternen und den Zeitaltern geben, sind wir zugleich auf dem Weg, sie uns anzueignen und bei ihnen heimisch zu werden. Wenn daher im mystischen Einswerden mit der Welt die Sprache versagt, ist das ein Zeichen, das uns aber bedenklich stimmen sollte: Es geht darum, uns aus dem Menschlichen fort ins Vormenschliche zurückzuführen.

Aus einem falschen Ansatz wird das Verhängnis, sobald wir die Gegensatzkonstruktion von Sein und Haben mit der Ankündigung des Guten und des Bösen verbinden. Wir *haben* Gewissen, wenn wir für das eintreten, was sein soll, und gegen das kämpfen, was nicht sein soll. Dieses Haben sichert die Distanz, die Skepsis, ein kritisches Überprüfen des eigenen Standorts. Wie aber, wenn wir kurzweg Gewissen nur »sind«? Dann erheben wir uns selbst – oder unseren Führer – zur obersten, einzigen und letzten Instanz. In der Ritterrüstung eines schattenlos guten Gewissens werden wir dazu getrieben, unsere Auffassung vom Guten und Natürlichen mit allen Mitteln durchzusetzen, sei es sogar mit dem Terror. Und weil der sündige »alte Adam« ein ziemlich zähes Wesen ist, müssen wir den Wahn, die Gewalt oder die Drogendosis ständig erhöhen, um uns zumindest auf Zeit in die Selbstlosigkeit zu versetzen. So wird aus dem Heil das Unheil; der Traum von der Heimkehr ins Paradies verkehrt sich zum Alptraum, und die Flucht vor dem Menschlichen mündet ins Unmenschliche.

Seltsam übrigens: Niemand hat das einst so klar gesehen wie Erich Fromm. Nach der nationalsozialistischen Machtergreifung emigrierte er 1934 in die Vereinigten Staaten, und dort schrieb er 1941 sein Buch »Escape from Freedom«. In der deutschen Fassung heißt es »Die Furcht vor der Freiheit«, in einigen Ausgaben auch »Die Flucht vor der Freiheit«. Tiefgründig wie kaum ein anderer deutet Fromm den Erfolg der Hitler-Bewegung aus ihren seelischen Urgründen: als Flucht des Menschen in die Selbstlosigkeit, mit der sie die Last der Freiheit, ihre Selbstverantwortung dem erlösenden FÜHRER ausliefern. Warum Fromm diesen Ansatz später vergessen oder verdrängt hat und zum Bußprediger der Selbstlosigkeit geworden ist – gewiß mit anderen Zielen und guter Absicht –, kann ich nicht sagen.

Aber ich weiß, daß die gute Absicht allein uns nicht vor dem Verderben bewahrt. Und ich ahne, wie dünn das Eis ist, über das wir die Lasten unseres Menschseins tragen. Ich spüre die Sehnsüchte, sie abzuwerfen und in die dunkel lockende Tiefe zu sinken. Darum habe ich dieses gewiß nicht einfache Kapitel geschrieben, und mein Ratschlag heißt: *Achte und liebe dich selbst wie deinen Nächsten. Und hüte dich vor der Selbstlosigkeit. Denn sie wird dich zerstören.*

Von der Freude am Überflüssigen

In dem hinterpommerschen Dorf, in dem ich aufwuchs, gab es keine Müllabfuhr. Aber Abfallberge, die auf sie warteten, gab es auch nicht. Woher sollten sie stammen? Das wenige, was man nicht selbst herstellte und im »Kolonialwarenladen« von Emil Priedigkeit kaufte, trug man in Papiertüten heim, die dann zum Feuermachen im Küchenherd halfen. Wenn – leider viel zu selten – Bauschutt entstand, warf Gutsinspektor Hesselbarth schon ein Auge auf ihn, um wenigstens hier oder dort grundlose Wege auszubessern. Holzreste wanderten in den Ofen, und der Dung – nicht nur vom Vieh – wurde auf den Feldern benötigt, um sie fruchtbar zu halten. Der Bedarf an Wasser und elektrischem Strom blieb noch sehr gering; ich schätze, daß unser 300-Seelen-Dorf ungefähr mit der Menge auskam, die heute drei Kleinfamilien in ihren Haushalten verbrauchen. Nur mit den Eimern oder Nachttöpfen, die nach vieljähriger Verwendung schließlich durchrosteten, kündigte sich zaghaft ein neues Zeitalter an.

Man möchte kaum glauben, daß diese Verhältnisse erst ein halbes Jahrhundert hinter uns liegen. Mit ihnen verglichen leben nicht nur die Besserverdienenden, sondern auch die Ärmeren unter uns mit einem Aufwand, noch dazu mit einer Arbeitsentlastung durch Haushaltsgeräte und Maschinen, kurz in einem Überfluß, den sich unsere Urgroßeltern nicht einmal hätten vorstellen können.

Aber alles hat seinen Preis. Rings um uns her türmen sich die Müllgebirge, und immer raffiniertere Methoden des »Recycling« werden notwendig, um im Abfall nicht ganz zu ersticken.

Darum haben jetzt die Bußprediger Konjunktur. Wir müssen viel sparsamer wirtschaften als bisher, sagen sie. Wenn wir unseren Lebensstil nicht drastisch verändern und wieder zur Genügsamkeit zurückfinden, zerstören wir die Naturschätze und die Natur überhaupt oder treiben in die Klimakatastrophe. Spätestens unsere Enkel werden ins Unheil geraten.

Ich stimme nachdrücklich zu. Und weil nach aller Erfahrung die Bußpredigten allein nicht genügen, um den Wandel zu bewirken, bin ich sogar damit einverstanden, daß wir zum Beispiel den Verbrauch von Strom oder Benzin so verteuern, daß die Umkehr tatsächlich gelingt.

Leider ist meine Zustimmung mit einem Hintersinn verbunden, der die Sparapostel empört. Ich möchte nämlich, daß wir zu dem Wohlbefinden und zu der Lebensfreude zurückfinden, die mit dem Überflüssigen oder, wenn man so will, mit dem Luxus verbunden sind. Wenn ich mich an meine Kinderwelt erinnere, entdecke ich vielfältig diesen Luxus. Zu ihm gehörten die sonntägliche Tasse Bohnenkaffee, der Festtagsbraten und die Festtagsruhe zu Ostern, zu Pfingsten und zu Weihnachten, das Wintergespräch und das Erzählen auf der Ofenbank, die Schlittenfahrt unterm Schellengeläut, die ausladende Hochzeitsfeier. Und es gehörte dazu die Musik, die man nur in der Kirche von der Orgel und vom Posaunenchor, beim Erntefest von den Dorfmusikanten oder beim Selbersingen zu hören bekam.

Heute ist die Musikberieselung so alltäglich wie das Umherfahren. Die Delikatessen, das Frischgemüse und die Blumen aus Europa, Südafrika oder Neuseeland warten im Supermarkt auf den Massenverbrauch. Der Lichterglanz schon um Wochen voraus verdunkelt das Weihnachtsfest. Die Geschenke, die wir einander machen, bedeuten nur wenig, weil wir selbst schon und meist gezielter einkaufen, was wir brauchen oder kaum mehr brauchen; im Grunde könnten wir Hundertmarkscheine austauschen. Mit einem Wort: Immer schwieriger wird es, das wirklich Überflüssige zu entdecken, das aus dem Alltäglichen herausragt. Selbst die Ferienreisen und die Partnerwechsel enttäuschen, wenn sie zur Routine erstarren. Entsprechend wachsen die Langeweile und die Verdrossenheit. Die Phantasien müssen ausschweifender, die Sex-Spiele bizarrer, die Disco-Klänge lauter, die Abenteuer riskanter, die Filme blutrünstiger geraten, wenn sie noch anziehen und, wie es so schön heißt, einen »Kick« vermitteln sollen.

Das Überflüssige ist ein Zeichen unserer Freiheit, die über das Alltägliche und Notwendige hinausführt. Und wenn, wie Herder sagt, wir die ersten Freigelassenen der Schöpfung sind, dann brauchen wir diese Zeichen der Freiheit für unser Wohlbefinden und die Selbstachtung. Eindringlich hat der spanische Philosoph José Ortega y Gasset den Sachverhalt geschildert:

»Der Mensch, der tief und völlig davon überzeugt wäre, daß ihm das Sich-wohl-Befinden, oder zumindest eine Annäherung daran, nicht gelingen kann, und daß er sich mit dem bloßen und nackten Sich-Befinden begnügen müßte, begeht Selbstmord ... Daher ist für den Menschen nur das objektiv Überflüssige notwendig. Dies wird man für paradox halten, aber es ist die pure Wahrheit. Die biologisch objektiven Notwendigkeiten sind an sich nicht notwendig für ihn. Findet er, daß er sich ganz auf sie beschränken muß, so weigert er sich, sie zu befriedigen, und zieht es vor, zu unterliegen. Sie verwandeln sich in Notwendigkeiten nur, wenn sie als Bedingungen des ›In-der-Welt-Seins‹ erscheinen, das seinerseits in subjektiver Form notwendig ist, das heißt, weil es das Sich-wohl-Befinden in der Welt und das Überflüssige notwendig macht. Daraus geht hervor, daß selbst das objektiv Notwendige für den Menschen nur im Hinblick auf das Überflüssige notwendig ist.«

Martha, unsere hinterpommersche Mamsell, drückte sich einfacher aus. Wenn Weihnachten vorüber war und voraus die kalten und lichtarmen Winterwochen lagen, tröstete sie uns und sich selbst mit dem Spruch: »Verzagt man nicht, es geht auf

Ostern.« Damit wollte sie sagen: Durch die Dunkelheit hindurch trägt uns die Vorfreude auf das Überflüssige, auf ein Fest, das wir mit dem gehörigen Aufwand, mit seinen Bräuchen und dem Festtagsbraten im Frühjahr feiern werden.

Wenn man auf »vormoderne« Verhältnisse zurückschaut, erkennt man überall die Sinnbilder der überflüssigen oder, wenn man so will, einer unpraktischen und unvernünftigen Freiheit. Am konsequentesten handelten einst Indianerstämme im Nordwesten Amerikas, wenn sie zum »Potlatch« zusammenkamen. Es ging um einen festlichen Wettkampf, bei dem die Teilnehmer wertvollen Besitz – Decken, Pelze, Kleidung, Schmuck, Geschirr – verbrannten, zerschlugen oder wegschenkten. Wer am meisten opferte, war der Sieger oder jedenfalls der Vornehmste, dem das höchste Ansehen, die Ehrfurcht gebührte.

Nicht ganz so dramatisch, aber noch imponierend genug nimmt sich die überschwengliche Gastfreundschaft alter Bauernvölker aus, die man nicht ärger mißverstehen und nicht bitterer kränken konnte, als wenn man sie zurückwies, weil man den eigentlich doch sehr armen Leuten nichts wegfuttern wollte. Bei pommerschen Festessen verbarg sich noch ein Abglanz dieser Gastlichkeit im »Nötigen«: Es gehörte sich, daß der Gast wieder und wieder dazu gedrängt wurde, nach Herzenslust zuzulangen. Und keine schlimmere Kritik ließ sich denken, als daß auf die Frage: »Wie war es?« die Antwort lautete: »Es ist nicht genug genötigt worden.« Denn im Grunde ging es wieder um einen zeremoniellen Wettkampf. Der Gast mußte sich erst einmal zieren und behaupten, daß er schon satt sei, bevor er, vom Drängen des Gastgebers überwältigt, dann tatsächlich zulangte. Ohne das Nötigen stand man also beinahe hungrig vom Festschmaus auf, auf den man sich schon seit Tagen oder Wochen gefreut hatte.

Übrigens haben in ganz Deutschland besorgte Behörden sehr lange und lange vergeblich gegen die »Unsitte« der ausdauernden und kostspieligen Bauernhochzeiten angekämpft, die nicht nur am Polterabend einem »Potlatch« recht nahe kamen, weil die armen Leute das ganze Dorf, das halbe Kirchspiel einluden und sich nicht selten um Haus und Hof feierten oder jedenfalls auf Jahre hinaus tief verschuldeten. Mit ähnlichen Problemen plagen sich noch heute in den Randzonen unserer Gesellschaft die Sozialarbeiter. Manche ihrer Schutzbefohlenen schaffen sich Paradekissen, teure Kitschfiguren, viele Kinder, aufwendige Autos und immer mehr Schulden an, indessen es an der Bettwäsche, an solidem Schuhwerk und Zahnbürsten fehlt – um von Sparbüchern nicht erst zu reden.

Wir schütteln den Kopf, wir setzen aufs Nützliche und Vernünftige. Eine lange Erziehung durch Amtspersonen, Pastoren und Sparkassenleiter hat uns zu halbwegs ordentlichen Staatsbürgern gemacht. Nur manchmal wundern wir uns darüber, daß unser Wohlstand uns eher grämlich als fröhlich stimmt. Am meisten wundern wir uns über die Kinder und Enkel. Für sie strengten wir uns an, damit sie es besser haben sollten, und der Erfolg gab uns recht. Aber nun langweilen sich diese »Kids«, maulen und machen uns sogar Vorwürfe. Sie halten das Leben kaum noch aus, das wir ihnen im Wohlstand bereiten, und träumen von einem anderen. Heimlich, aber wirklich nur ganz heimlich und mit einem Seufzer der Resignation träumen wir mit ihnen.

Was fehlt den jungen Leuten und uns? Die Antwort heißt: das Überflüssige. Es zu finden ist freilich nicht leicht; in all unserem Überfluß läßt es sich kaum noch entdecken. Sollen wir darum eine Art von Revolution nach rückwärts, eine Heimkehr zum einfachen Leben ins Werk setzen? Manche reden davon und behaupten, daß sie die Rettung bedeutet. Aber ich mißtraue diesen Bußpredigern, die uns auf die Askese, die freiwillige Armut verpflichten wollen. Immer ist von der Notwendigkeit der Umkehr die Rede, und das Nützliche und Notwendige ist gerade das, was das Überflüssige ruiniert.

Davon abgesehen kann ich mir nicht vorstellen, daß eine

nennenswerte Zahl von Menschen die Zentralheizung abschaltet, um auf die Ofenbank zurückzufinden, oder sich im Hof unter der Handpumpe wäscht – sofern es die im modernen Siedlungsgedränge überhaupt und einigermaßen hygienisch noch geben könnte. Je genauer man über die Umkehrstrategien nachdenkt, desto absurder geraten sie. Nur eine weltumspannende Katastrophe, die niemand sich wünschen darf, könnte uns dorthin zurückwerfen, woher wir einmal kamen. Nein, wir sind dazu verurteilt, diese Welt so vernünftig wie möglich zu bewahren. Und die Luxusträume von der Armut helfen nicht weiter; wir müssen im Wohlstand nach dem Überflüssigen suchen.

Von einem Beispiel habe ich im Kapitel über das Spiel schon erzählt. Schon früh und recht genau wissen Kinder, daß die Eltern und überhaupt die Erwachsenen sich für das Nützliche und Notwendige anstrengen; ihre ganze Haltung drückt das aus. Und nicht selten wird es in Worte gefaßt: Seid dankbar, denn das tun wir für euch. Um so größer ist das Entzücken, wenn diese Erwachsenen und sogar der Vater sich die Zeit zum Spielen nehmen. Aber vielleicht läßt sich erst jetzt in der Tiefendimension erkennen, warum es so wichtig ist, daß nicht wieder das Nützliche eingeschmuggelt wird, etwa in dem Sinne, daß die Kinder kräftiger oder klüger werden sollen. Das Glück, die Lebensfreude wächst uns aus dem vollkommen Überflüssigen zu – und stirbt mit ihm. In diesem Sinne hat ja Friedrich Schiller gesagt, daß der Mensch nur da ganz Mensch ist, wo er spielt. Aus der Sklaverei des Notwendigen versetzt das Überflüssige uns in die Freiheit.

Der Rat zu einem anderen, besseren, lohnenden Leben muß daher lauten: *Suche und schaffe dir das Überflüssige.*

Die Probleme, mit denen wir es heute zu tun haben, lassen sich noch besser verstehen, wenn man sie in ihre geschichtliche Perspektive bringt. Am Anfang der Neuzeit stand die große protestantische und puritanische Kulturrevolution. »Beten, arbeiten und nützlich sein!« hieß die Parole. Und: »Müßiggang ist aller Laster Anfang.« Folgerichtig und weitaus wirksamer als jeder päpstliche Bannstrahl traf der fromme protestantische Fluch jeden, der nicht nutzbringend arbeitete. Er galt so unterschiedlichen Gestalten wie dem Mönch und dem Heiligen, dem reichen Genießer und dem Bettler, dem Don Juan und dem Spieler. Das Unerhörte und Radikale der protestantischen Kulturrevolution wird übrigens sichtbar, wenn man noch weiter zurückschaut. In der Antike und im Mittelalter, wie eigentlich überall auf der Welt, war der Traum vom wahren und aktiv erfüllten Leben immer an die Muße gebunden.

Der Fluch, die Brandmarkung des Unnützen als Teufelswerk wiederholte sich samt Glaubens- und Bekehrungseifer in vielen, auch längst unchristlichen Einkleidungen, zum Beispiel im Kampf des Bürgertums gegen die Fürsten- und Adelsherrschaft. Manchmal wurde vornehm, manchmal, in Revolutionszeiten, sehr drastisch gesagt, was geschehen sollte, wie im Hecker-Lied von 1848:

»Schmiert die Guillotine
Mit der Pfaffen Fett,
Schmeißt die Konkubine
Aus des Fürsten Bett.
An dem Darm des Pfaffen
Hängt den Edelmann,
Laßt ihn dran erschlaffen,
Bis er nicht mehr kann.«

Und was meinte auf einer nächsten Stufe die Vorstellung, daß einzig das Proletariat, also die arbeitende Klasse, das Menschheitsheil in sich trage? Aber worum kämpften die Behörden, wenn sie den Bauern ihre verschwenderischen Hochzeiten nicht mehr gönnten?

Der fromme Fluch, der am Anfang der Neuzeit stand, war

menschenfreundlich gemeint. Es ging um das Heil der Seele – und bald und immer mehr auch um das des Leibes. Von der Menschenfreundlichkeit vorwärts getrieben, haben wir es so herrlich weit gebracht, daß wir jetzt wohl am Ziel sind und in einem beispiellosen Wohlstand leben. Aber unversehens entdecken wir hinter dieser Menschenfreundlichkeit wieder den Fluch. Wenn uns Jahrhunderte hindurch gepredigt wurde, den Sinn des Lebens in der Arbeit zu suchen, dann geraten wir an Abgründe, wenn uns die Arbeit ausgeht, weil wir in immer kürzerer Zeit immer mehr herstellen. Die Aufgabe, die sich jetzt und für die Zukunft stellt, heißt: Wir müssen das Unnütze neu entdecken und es wieder in sein Lebensrecht einsetzen – und das, wohlgemerkt, nicht mit schlechtem, sondern mit gutem Gewissen.

Gemeinhin reden wir von Kultur, wenn wir das Überflüssige meinen. Der Begriff reicht vom Essen und Trinken bis zu Musik, Malerei und Schauspiel oder zur Buch- und Lesekultur. Aber je höher in den Kunsthimmel hinauf, desto weiter scheint sich die Kultur zu entfernen; mit dem Wohlbefinden in unserem Alltagsleben hat sie sehr wenig zu tun. Längst ist sie zu einem Eigenbetrieb geworden, den die dazu berufenen Kulturdezernenten mit viel oder neuerdings mit etwas weniger Geld verwalten.

Vielleicht konnten in der neueren Geschichte Kunst und Kultur nur so überdauern, eben als Eigenbezirke und Gegenwelten. Denn der Geist der Moderne führt seine eigene Barbarei mit sich. Die einfachste Lösung, den direkten und damit schnellsten Weg zum Ziel zu finden: Das gehört zum Kern der neuzeitlichen Rationalität, in der das ökonomische Denken eine zentrale Rolle übernimmt. Es kommt darauf an, mit immer weniger Aufwand immer mehr zu leisten; alles andere erscheint als sündhafter Luxus. Wer ihm verfällt, kann im Konkurrenzkampf nicht bestehen und wird bestraft, vorab der Unternehmer, der den Weg zum Konkursrichter antreten muß.

Doch es handelt sich nicht bloß ums Wirtschaften, sondern um das moderne Denken und Handeln schlechthin. Der Zwang zur Direktheit erfaßt immer mehr Lebensbereiche, am Ende sogar den intimsten: »Zur Sache, Schätzchen!«

Alles Spielerische und alle Kultur haben es dagegen nicht mit der Beschleunigung, sondern mit der Verzögerung, mit dem Indirekten statt der Direktheit – und Künste etwas mit dem Können zu tun, das sich vorsätzlich Hindernisse schafft, um dann in ihrer Überwindung sich darzustellen. Gleich ob es sich um Schauspiele, gesellige Spiele oder die der Erotik handelt: Erst die Kultivierung der Verzögerungen, Hindernisse und Umwege, also des Indirekten und damit des Unnützen, des ganz und gar überflüssigen Aufwands an Zeit, an Mitteln und Fähigkeiten schafft die Anspannung und Entspannung, um die es sich lohnt, das heißt im Sinne Ortegas die Voraussetzung für das Sich-wohl-Befinden statt für ein bloßes und nacktes Sich-Befinden.

Was wir brauchten, wäre darum eine Kulturrevolution, die uns nicht aus den Errungenschaften, aber aus dem Fluch der Neuzeit erlöst. Und manchmal denke ich, daß sie bei den Spitzen und Stützen unserer Gesellschaft beginnen müßte. Hierfür erträume ich mir – womöglich mit einem Beiklang von Sadismus – eine Akademie, zu der irgendwo weitab, in Irland oder im ostpreußischen Masuren, ein altes Schloß neu hergerichtet würde. Da sollten dann die vielbeschäftigten Minister und Manager, die Groß-Professoren und Groß-Künstler drei Monate, besser noch ein halbes Jahr verbringen. Jeder Luxus würde ihnen geboten, und alles könnten sie tun, nur das geschäftsmäßig Nützliche nicht. Keine Akten zum Aufarbeiten, keine Büroräume und keine Arbeitsessen, sondern nur Muße, nach Belieben zu füllen!

Wahrscheinlich würden bei vielen Akademiebesuchern erst einmal Entzugserscheinungen auftreten, und Seelenärzte müßten hilfreich bereitstehen. Doch vielleicht würde das Experiment sich als fruchtbar erweisen. Das Zur-Ruhe-Kommen im Abseits des Alltagsgetriebes ermöglicht die Besinnung, die Meditation, und Meditation die Erleuchtung. Oder wo wäre jemals Weisheit entstanden, wenn nicht im Abstand, der das längst Gewohnte mit anderen Augen sehen lehrt?

Aber natürlich handelt es sich um eine Utopie, und es ist wenig wahrscheinlich, daß ausgerechnet diejenigen uns auf neue Wege führen, die die Sachwalter des Bestehenden und in dem Sinne seine Nutznießer sind, daß sie lustvoll über das Übermaß ihrer Arbeit, über den weit im voraus schon ausgebuchten Terminkalender klagen. Nein: Die Kulturrevolution, auf die es ankommt, muß eine Sache der jungen Leute sein. Denn sie wenigstens, so hoffe ich, können sich noch eine Zukunft vorstellen, die nicht nur im Fortschreiben der Gegenwart besteht. Und weil ich selbst zu den Vielbeschäftigten gehöre, werde ich mich jetzt hüten, diese jungen Leute mit falschen Ratschlägen in die Irre zu leiten. Ich sage ihnen nur: *Strengt eure Phantasie, eure Neugier, eure Entdeckungslust an, um das Überflüssige zu finden, das zu euch paßt.* Die Anstrengung lohnt sich, weil statt der Langeweile das Wohlbefinden, die Lebenslust auf euch wartet.

Von der Höflichkeit

»Du weißt wohl nicht, mein Freund, wie grob du bist?« fragt Mephisto den akademisch ausgereiften Schüler. Und der antwortet patzig: »Im Deutschen lügt man, wenn man höflich ist.«

Das lassen wir uns nicht zweimal sagen und haben es zu einem geflügelten Wort gemacht. Im Gegensinne gilt dann das Grobsein als ein Ausweis der Ehrlichkeit. Der hoffnungsvolle junge Mann glaubt den gealterten Faust vor sich zu haben und erklärt ihm wenig später:

»Hat einer dreißig Jahr vorüber,
So ist er schon so gut wie tot.
Am besten wärs, euch zeitig totzuschlagen.«

Daran hat sich seit Goethes Zeiten wenig geändert. »Trau' keinem über dreißig!« hieß ein Schlachtruf der Studentenbewegung von 1968. In meiner Jugend sprach man vom »Friedhofsgemüse«; inzwischen ist, noch ein wenig feinfühliger, von »Gruftis« oder »Kompostis« die Rede.

Unsere Neigung zur Grobheit kommt von weit her. Sie stammt aus der Bitterkeit, aus den Minderwertigkeitsgefühlen von Untertanen, die Jahrhunderte hindurch sich vor ihrer Obrigkeit verbeugten oder strammstanden und sagen mußten: »Jawohl, Euer Gnaden!« – »Zu Befehl, Herr Oberst!« Schon dem Kind wurde das gute Betragen beigebracht: »Mach deinen *Diener*!« Jede Auflehnung mißlang; man mußte die Bitterkeit hinunterschlucken und konnte sie nur kompensieren in der Grobheit gegen seinesgleichen. Wenigstens in ihr, so schien es, erwies sich der freie Mann, der Gott und sonst niemanden fürchtet; sie leitete die eigenen Verletzungen auf diejenigen ab, die so schwach waren wie man selbst.

Das geschliffene Verhalten aber fand seine Darstellung in der Ober- und Gegenwelt, die man zwiespältig genug zugleich bewunderte und verwünschte. Höflichkeit gehörte im Wortsinne zur höfischen Gesellschaft und zu den Fürstenhöfen, mit denen Deutschland so reich gesegnet oder geschlagen war. In Abstufungen reichte diese Oberwelt bis zur adligen Gutsherrschaft; bei uns in Hinterpommern sprachen die Dorfbewohner bis 1945 von »den Höfschen«, wenn sie die Leute im Schloß meinten. Bereits zwei Jahrhunderte zuvor zeigte sich der Gegensatz im Monumentalwerk der bürgerlichen Frühaufklärung, dem Zedlerschen Universal-Lexikon, das zwischen 1732 und 1754 in 64 Bänden mit vier Ergänzungen erschien. Da heißt es in dem Artikel »Hofmann«:

»Einer, der in einer ansehnlichen Bedienung an eines Fürsten Hof steht. Das Hofleben ist zu allen Zeiten einesteils wegen der unbeständigen Herrengunst, wegen deren vieler Neider, heimlichen Verleumder und offenbaren Feinde als etwas Gefährliches; andernteils wegen des Müßiggangs, der Wollust und Üppigkeit, so zum öfteren daselbst getrieben wird, als etwas Laster-Tadelhaftes beschrieben worden. Es haben aber zu allen Zeiten sich auch Hofleute gefunden, die durch ihre Klugheit die gefährlichen Steine des Anstoßes vermieden, und durch ihre Wachsamkeit den Reizungen des Bösen entgangen, also sich zu würdigen Exempeln glücklicher und tugendhafter Hof-Leute vorgestellt. Gleichwohl wird nicht vergeblich gesagt, daß nahe bei Hofe, sei nahe bei der Hölle.«

Dieses verteufelte Bild läßt tief blicken: Wenn eine Auflehnung gegen die höfische Herrschaft nicht möglich ist, dann kann man sie zumindest moralisch verurteilen. Dazu paßt die charakteristische deutsche Gegenüberstellung von Zivilisation und Kultur. Die Zivilisation stammt aus Frankreich, wie das

Vorbild der fürstlichen Prachtentfaltung im Sonnenkönigtum Ludwigs XIV. in Versailles und das Französische als Sprache der Oberschicht. Doch Kultur ist deutsch und hat die Moral auf ihrer Seite, wie Kant gesagt hat: »Wir sind zivilisiert, bis zum Überlästigen, zu allerlei gesellschaftlicher Artigkeit und Anständigkeit. Aber, uns schon für moralisiert zu halten, daran fehlt noch sehr viel. Denn die Idee der Moralität gehört noch zur Kultur; der Gebrauch dieser Idee aber, der nur auf das Sittenähnliche in der Ehrliebe und der äußeren Anständigkeit hinausläuft, macht bloß die Zivilisierung aus ... Alles Gute aber, das nicht auf moralisch gute Gesinnung gepfropft ist, ist nichts als lauter Schein und schimmerndes Elend.«

Das heißt dann im Umkehrschluß: Wo man aufs äußerlich Artige und Anständige, auf die Höflichkeit trifft, da liegt schon die Vermutung nahe, daß das Innere faul, verrottet, verlogen ist. Und das wiederum bedeutet, daß die Grobheit sich mit der wahren Kultur nicht nur verträgt, sondern zu ihr gehört. Sie beweist das Echte, wie angeblich auch die rauhe Schale ein gutes Herz.

Inzwischen hat sich einiges geändert. Die Fürstenherrschaft und die höfische Gesellschaft verschwanden im Novembernebel von 1918. Siebzig Jahre später zerbrach der letzte deutsche Obrigkeitsstaat mit seiner Mauer am 9. November 1989 – und zwar an einer endlich einmal siegreichen Bürgerbewegung. Aus dem »Erbfeind« Frankreich ist der Partner geworden; Deutschland gehört zur westlichen Zivilisation. Wäre es darum nicht an der Zeit, daß wir die Minderwertigkeitskomplexe der einstigen Untertanen endlich hinter uns ließen? Brauchen wir die Grobheit noch, die zu ihnen gehört? Sollten wir unser Verhältnis zur Höflichkeit nicht neu überdenken? Mein nachdrücklicher Rat heißt jedenfalls:

Halte dich zur Höflichkeit und übe sie ein. Sie wird dir und uns allen zugute kommen.

Zunächst einmal steckt Wahrheit in dem Sprichwort: Wie

man in den Wald hineinruft, so schallt es heraus. Wer anderen dadurch seine Mißachtung zeigt, daß er sich gegen sie wie ein Flegel verhält, darf schwerlich erwarten, daß man ihn achtet. Die innere Unsicherheit, die im schlechten Benehmen sozusagen ihre Flucht nach vorn antritt, wird damit nicht überwunden, sondern vertieft. Und Grobheit erntet die Grobheit. Etwas Gewalttätiges kündigt sich in ihr an; selbst ungewollt schafft sie Verletzungen, die nach Vergeltung rufen. Nur zu leicht gerät man in eine negative Entwicklung, an deren Ende tatsächlich die Gewalt triumphiert.

Übrigens glaube ich nicht daran, daß Grobheit und Ehrlichkeit wirklich Geschwister oder gar Zwillinge sind; man hat sie nur zusammen aufgezogen. Immer wieder kann man beobachten, daß die gleichen Leute, die mit den Schwächeren, mit Kindern, Behinderten, Fremden oder alten Menschen rüde umgehen, sich als Kriecher, Buckler und Schleimer erweisen, sobald sie an die Mächtigeren in den Chefetagen unserer Gesellschaft geraten.

Andererseits muß die Höflichkeit durchaus nichts nur Äußerliches, Aufgesetztes oder gar Unechtes sein. Nein, wenn sie etwas taugt, kommt sie von innen und trägt einen schönen Namen: Herzenshöflichkeit. Sie wendet den Mitmenschen ihre Achtung zu und schafft sie sich selbst.

Gewiß, Arthur Schopenhauer hat gesagt: »Eine schwere Aufgabe ist freilich die Höflichkeit insofern, daß sie verlangt, daß wir allen Leuten die größte Achtung bezeugen, während die allermeisten keine verdienen.« Aber Schopenhauer war ein vereinsamter Privatgelehrter, ein Menschenverächter, der eine pessimistische Weltsicht entwarf. Gegen sie stellt sich Jean-Jacques Rousseau, wenn er schreibt: »Die wahre Höflichkeit besteht darin, daß man einander mit Wohlwollen entgegenkommt. Sobald es daran nicht fehlt, tritt sie ohne Mühe hervor.«

Bevor wir in die philosophischen Auseinandersetzungen und womöglich in einen Streit geraten, sollten wir höflich sein und weise entscheiden: Die Wahrheit liegt in der Mitte. Denn einerseits bringen wir mit der Höflichkeit eine Zuwendung, das Wohlwollen zum Ausdruck; wir signalisieren dem anderen, daß wir seine Nähe nicht nur ertragen, sondern daß sie uns willkommen ist. Andererseits hilft die Höflichkeit auch dazu, einen Abstand zu wahren. Sie schützt uns vor dem Übermaß an Nähe und Neugier, vor der dreisten Zudringlichkeit, doch ohne zu verletzen.

Um noch einmal auf Schopenhauer zurückzukommen: Er hat uns Menschen mit frierenden Stachelschweinen verglichen. Weil sie frieren, rücken sie nahe aneinander, um sich zu wärmen. Doch dabei treiben sie sich schmerzhaft ihre Stacheln ins Fleisch und rücken wieder auseinander. So geht es hin und her, bis endlich eine bekömmliche Mitte gefunden ist. Aber da wir Menschen nun doch keine Stachelschweine sind, hilft uns keine Naturanlage, kein Instinkt zur Mitte und zum Maß. Künstlich müssen wir selbst erst herstellen und kunstvoll bewahren, was uns zuträglich ist.

Aristoteles, einer der geistigen Väter des Abendlandes, hat eine Tugendlehre entwickelt, die ganz auf die Mitte und das Maß hin angelegt ist. Zum Beispiel stehen die Besonnenheit und der Mut in der Mitte zwischen der Feigheit und der Tollkühnheit, mit denen man den Kopf verliert. Und wie immer es sonst bestellt sein mag, die Höflichkeit gehört jedenfalls zu den Tugenden, die uns vor den Extremen bewahren, in denen das Unheil brütet.

Wir wenden uns den Mitmenschen nicht nur mit Worten, sondern auch mit der Körpersprache, mit Bewegungen, Gesten, dem Mienenspiel zu. Darum gehört zu den wichtigsten Mitteln der Höflichkeit das Lächeln. Und wiederum wird die doppelte Richtungnahme – oder, wenn man es gelehrt ausdrücken will, die Dialektik sichtbar. Einerseits signalisiert das Lächeln die freundliche, friedliche Absicht. Wenn zwei Leute sich maskenhaft anstarren, wie der Held und der Schurke im Wildwestfilm, kann in jedem Augenblick alles und das Schlimmste geschehen. Eine falsche Bewegung, und schon »sprechen« die Pistolen. Wenn aber auf die Erstarrung das Lächeln folgt und erwidert wird, ist der Bann der Angst und der Feindseligkeit gebrochen, ein erstes Einvernehmen hergestellt und der Frieden gerettet; im nächsten Augenblick wird man sich die Hand reichen. Andererseits eignet sich das Lächeln auch dazu, den Abstand zu wahren. Es sagt – und zwar nicht grob, sondern höflich –: Im Intimen, in meiner Privatsphäre möchte ich nicht gestört werden. Bitte, tritt mir nicht zu nahe!

Die Höflichkeit und das Lächeln gehören zu den leisen Künsten des menschlichen Umgangs, die hierzulande leider wenig entwickelt sind. Warum, so frage ich mich – und in diesem Kapitel, aber nur in ihm gleich mit einer Bitte um Verzeihung –, warum müssen wir uns immerfort wie die Brüllaffen aufführen, sei es, wenn wir herzlich sein wollen, sei es im Ärger oder ganz ohne Anlaß? Künste kann man doch lernen, wenn man nur will, geduldig bleibt und ein wenig Mühe nicht scheut. Außerdem gäbe es Vorbilder; man denke an Ostasien. Ich vermute, daß die Japaner, die in den bewohnbaren Teilen ihrer kleinen Inselwelt so eng beieinander leben, sich längst schon ausgerottet hätten, wenn es ihnen nicht gelungen wäre, in der Kultur des Lächelns Nähe und Abstand in die bekömmliche Balance zu bringen.

Zuwendung und Distanz: Nicht von ungefähr war schon im Kapitel über die Versöhnung davon die Rede. Die Höflichkeit aber stellt sozusagen das vorbeugende Mittel der Versöhnung dar. Sie hilft uns dazu, daß wir in den bitteren Konflikt gar nicht erst hineingeraten, aus dem wir dann nicht mehr oder nur auf einem langen und schwierigen Weg wieder herausfinden.

Eine kleine Abschweifung sei hier erlaubt. Im Deutschen unterscheidet man herkömmlich die Anreden mit dem »Du« und dem »Sie«. Das »Du« war in der Regel für einen kleinen Kreis von Menschen reserviert, für die Verwandten, den eigenen Freundeskreis, die Kinder. Beim Übergang vom »Sie« zum »Du« mußte man mit einigem zeremoniellen Aufwand »Brüderschaft« schließen. Aber seit der Studentenbewegung von 1968 ist das »Du« auf dem Vormarsch, zunächst einmal als Ausdruck der Solidarität und einer fortschrittlichen Gesinnung, die Autorität abbauen und Gleichheit herstellen will. Inzwischen duzen sich selbstverständlich alle jüngeren Leute, samt denen, die noch als jung erscheinen wollen, und Schritt um Schritt rückt dieses »Du« in der Alterspyramide weiter hinauf. Es ist nicht mehr auszuschließen, daß eines Tages das »Sie« ganz in die Rumpelkammer oder ins Museum verbannt wird, wie ehemals schon die Anrede in der dritten Person: »Er, Herr Vater.« Eine Umkehr ist ohnehin nicht möglich, weil man sich auf einer Einbahnstraße befindet. Man kann den Geltungskreis des »Du« beliebig erweitern, aber jeder Rückfall ins »Sie« kommt einer Kriegserklärung gleich.

Dabei übernahm das »Sie« eine wichtige Funktion. Es wahrte den Abstand und schützte die Intimsphäre. Diesen Schutz werden wir weiterhin brauchen, denn leider verschwinden die Streitfälle, die Konflikte nicht im schönen Schein der Verbrüderung. Im Gegenteil, die Erfahrung sagt, daß sie in ihm nur bitterer und grober geraten, daß schneller die Fäuste fliegen. Im Kapitel über den Streit war auch davon bereits die Rede.

Um eine Geschichte zu erzählen: Von 1971 bis 1974 war ich Mitglied im Gründungsrat für eine neue Universität. Im Überschwang des Aufbruchs duzten sich sofort alle Mitglieder – mit einer, meiner Ausnahme. Das wurde schließlich, obschon mit Kopfschütteln, hingenommen: Dieser Krockow ist nun mal solch ein altmodischer Mensch. Doch nach und nach gewann ich eine besondere Stellung. Im »Brei der Herzen, der Freundschaft und Begeisterung« – wie der »preußische Staatsphilosoph« Georg Wilhelm Friedrich Hegel das einst genannt hat – war ich manchmal der einzige, der das »Nein!« noch aussprechen konnte, das andere zwar wünschten, aber sich kaum mehr zutrauten. Mit anderen Worten: Wenn wir das »Sie« nicht mehr haben, werden wir neue, hoffentlich freundliche, lächelnde Formen der Höflichkeit erfinden müssen, um die Distanz zu wahren oder wiederherzustellen, die wir brauchen, um uns aneinander nicht wundzureiben.

Ratschläge zur Praxis mögen die Betrachtungen zur Höflichkeit beschließen. Der erste betrifft das Pünktlichsein. Indem ich es nenne, sehe ich schon, daß junge Leute zusammenzucken, als wollte ich sie schlagen. Nein, durchaus nicht; ich verstehe die gereizte Abwehr sogar. Immerfort, seit den ersten Kindertagen, an die man sich noch erinnert, wurde man von den Erwachsenen, den Eltern, den Lehrern ermahnt, doch endlich einmal pünktlich zu sein. Und immer zog man sich Ärger zu, wurde ausgeschimpft und womöglich bestraft, wenn man es nicht war. Eben darum gehörte die Auflehnung gegen den Ordnungssinn und die Pünktlichkeit gewissermaßen zu den Ritualen des Größerwerdens. Im demonstrativen Zuspätkommen erprobte man die Auflehnung, die für das Selbständig- und Mündigwerden so wichtig ist.

Aber irgendwann einmal sollte man doch selbst erwachsen sein und diese Auflehnung nicht mehr nötig haben. Und dann stellt sich die Pünktlichkeit anders dar. Sie bildet eine Form der Höflichkeit. Man bestiehlt den Partner um seine Zeit und stürzt ihn in eine Ungeduld, die von Minute zu Minute tiefer ins Nervöse und in die Bitterkeit gerät, wenn man ihn warten läßt. Im Grunde verachten wir ihn; wir zeigen, daß er uns weit weniger wichtig ist, als er glaubte.

Natürlich gibt es die Zwischenfälle oder die Ausreden: Gerade als man aus dem Haus gehen wollte, kam der wichtige Telefonanruf, man steckte im Stau und fand keinen Parkplatz. Aber kann man sich darauf nicht einrichten und lieber, falls man vorzeitig am Ziel ist, noch ein paar Schaufenster ansehen? Jedenfalls liegen die Rückschlüsse nahe: Wer unpünktlich ist, wird es auch sonst nicht so genau nehmen, sei es mit der Wahrheit oder mit seiner Leistung am Arbeitsplatz; man sollte sich auf ihn besser nicht einlassen. *Sei pünktlich!* ist also ein guter Rat. Denn so unglaublich es klingt: Es handelt sich tatsächlich um eine Form von Höflichkeit, die das Leben leichter und das Miteinander verträglicher macht.

Übe die kleinen und leisen Gesten ein, bis sie selbstverständlich und zu deiner zweiten Natur geworden sind, heißt der zweite Rat. Und: *Meide das Laute und Großsprecherische.* Denn außer zum Betäuben und Überrumpeln taugt es zu nichts. Die übereifrigen Umarmungen und Brüderküsse wirken so stillos und verlogen, wie sie einst bei den kommunistischen Parteiführern und Staatsdarstellern es waren. Die protzigen Auftritte oder Geschenke verraten die Unsicherheit des neureichen Emporkömmlings. Wen will der Kerl damit täuschen? Oder bestechen? fragt man sich unwillkürlich.

Die Volksweisheit kennt das Bessere: Kleine Geschenke erhalten die Freundschaft. Vieles ist denkbar: ein Lächeln, eine Blume, ein Buch. Oder der Anruf mit nichts als der Frage: »Wie geht es dir?« Es sollte auch nicht ausgeschlossen sein, daß man – ungeachtet des Alters oder der Rangordnung – aufsteht, wenn der Geschäfts- oder Gesprächspartner vom Vortag im Frühstücksraum des Hotels an unseren Tisch tritt. Oder daß man einander die Tür aufhält. Zwar gehört der »Kavalier der alten Schule« einer ausgestorbenen Gattung an, aber vielleicht könnte man in neuen Schulen etwas lernen. In Amerika wird der Besucher aus Deutschland, der unsicher und aufgeregt seinen Weg sucht und jede Frage mit einem »Verzeihung ...« beginnt, mit strahlendem Lächeln und mit dem »You are welcome!« beruhigt. Die weitere Frage, ob es sich um bloße Zivilisationstünche oder das wohltuende Öl im Lebensgetriebe handelt, beantwortet sich von selbst, wenn wir im Kontrast beobachten, wie viele Deutsche den Türken oder Tamilen von oben herab behandeln und dabei so laut auf ihn einreden, als hätten alle Fremden einen Gehörschaden. Gleichwohl gibt es auch hierzulande noch

Menschen, die sich aufs Höflichsein verstehen. Man muß sie nur suchen, beobachten und von ihnen lernen.

Schließlich, aber nicht zuletzt heißt mein Rat: *Gehe freundlich und höflich mit dir selbst um.*

Im Kapitel über die Selbstlosigkeit wurde gezeigt, wie unser Menschsein darin begründet ist, daß wir unsere eigenen Lebenspartner und Zuschauer sind. Darum müssen wir auch zu einer Partnerschaft mit uns selbst finden, und von uns hängt es ab, wie sie sich entwickelt. Natürlich bieten wir uns selbst oft keinen erfreulichen und manchmal einen peinlichen Anblick. Und dann und wann müssen wir uns eine Strafpredigt halten: »Du Volltrottel! Wie konntest du das nur tun?« Oder: »Du Feigling! Warum hast du geschwiegen?« Aber auf die Grundhaltung kommt es an. Sie kann von Wehleidigkeit, Langeweile oder Grobheit geprägt sein – oder von Selbstvertrauen, Freundschaft und Zärtlichkeit. Und dazu helfen die kleinen Gesten des Höflichseins, das Lächeln, das Zunicken, und die Frage: »Wie geht es dir?«

Mancher mag meinen, daß uns das eigene Lebensprinzip von Gott oder der Natur als ein Schicksal vorbestimmt ist, so daß wir es hinnehmen müssen, wie es ist. Nein, durchaus nicht. Gewiß gibt es widrige oder fördernde Umstände. Aber zu unserer Natur gehört, daß wir nur künstlich, als Kulturwesen leben können; Helmuth Plessner, ein Begründer der modernen philosophischen Anthropologie, hat die Formel von der »natürlichen Künstlichkeit« geprägt. Es ist unausweichlich, daß wir die Einstellung zu uns selbst als ein Kunstwerk erschaffen – oder verpfuschen. Wenn wir also von jemandem sagen, daß er in einer »schwierigen Haut« steckt, dann hat er zur Hauptsache sich selbst darin eingenäht. Darum hängt es von uns ab, ob wir wehleidig, finster oder freundlich geraten. Und aus der Selbsterziehung wird früher oder später das Selbstverständliche, die gute oder schlechte Gewohnheit.

Das heißt zugleich: Es lohnt sich, das Freundlich- und Höflichsein einzuüben. Unsere Grundhaltung strahlt dann auf die Umgebung aus und wird von ihr zurückgespiegelt. Auf diese Weise können wir, jeder zu seinem bescheidenen Teil, dazu beitragen, daß die Welt, in der wir leben, sich verfinstert oder aufhellt. Um am Ende an den Ausgangspunkt zurückzukehren: Wir sind die Untertanen nicht mehr, die die Grobheit brauchen, um ihre Knechtschaft zu ertragen. Wir sind freie Bürger, und die Freiheit bestätigt sich in der Höflichkeit ebenso wie im Spiel.

Von der Zärtlichkeit

Zärtlichkeit ist ein schönes Wort. Und noch schöner ist es, zärtlich zu sein. Ein anderer Mensch, der Partner, der Freund oder die Freundin soll nicht überwältigt oder gar unterworfen werden, sondern wir sagen nur leise: Ich mag dich. Du rührst mich an, und ich möchte dich anrühren.

So selbstverständlich das klingt, so schwer fällt es uns, tatsächlich zart zu sein. Denn zunächst einmal gerät vielen von uns die Herkunft, die über viele Generationen eingeübte preußisch-deutsche Erziehung in die Quere. Selbst wenn wir von ihr nur noch wenig wissen, hat sie Macht über uns – oder gerade dann.

»Gelobt sei, was hart macht«, hieß ein geläufiges Wort. Und schon das Kind wurde ermahnt: »Ein Junge weint nicht.« Ein »ganzer Mann« sollte er werden und nicht träumen oder seine Gefühle zeigen, sondern hinunterschlucken, was man ihm zumutete. Alles kam darauf an, die Härte erst gegen sich selbst – und dann gegen andere zu beweisen: »Nur wer das Gehorchen gelernt hat, darf befehlen.« Die oberste, wichtigste Tugend hieß Pflichterfüllung, wenn nötig bis in den Tod. Nicht der Zivilist, sondern der Soldat stand im höchsten Ansehen, und »die schönsten Jahre seines Lebens« verbrachte der Mann in der Uniform.

»Wohlauf, Kameraden, aufs Pferd, aufs Pferd!
Ins Feld, in die Freiheit gezogen!
Im Felde, da ist der Mann noch was wert,
da wird das Herz noch gewogen.

Da tritt kein anderer für ihn ein,
auf sich selber steht er da ganz allein.«

So beginnt das »Reiterlied« von Friedrich Schiller, in dem es dann heißt:

»Der dem Tod ins Angesicht schauen kann,
der Soldat allein ist der freie Mann.«

Das haben Generationen von Schulkindern auswendig gelernt, bis zum erhebenden Ende:

»Und setzet ihr nicht das Leben ein,
nie wird euch das Leben gewonnen sein.«

Es gibt eine Schlüsselgeschichte der preußisch-deutschen Erziehung, die uns noch immer angeht, obwohl sie um mehr als zweieinhalb Jahrhunderte zurückliegt. Der preußische »Soldatenkönig« Friedrich Wilhelm I., der von 1713 bis 1740 regierte, will seinen Sohn, den Thronerben Friedrich, zum »würdigen Nachfolger« prägen. Aber der kleine Fritz erweist sich als zart und empfindsam; er interessiert sich für Musik und für Bücher, fürs Schöne und Geistige statt für das Soldatsein. Trotzig ist er obendrein; die Uniform nennt er verächtlich einen »Sterbekittel«. Darüber empört sich der König, und als der Sohn ihn in einem Brief um Verständnis bittet, heißt es in der Antwort höchst ungnädig: »Er weiß wohl, daß ich keinen effeminierten Kerl leiden kann, der keine menschlichen Inklinationen hat, nicht reiten noch schießen kann, ... und seine Haare wie ein Narr sich verschneidet ...«

Mit den Haaren ist es eine seltsame Sache; sie eignen sich, so scheint es, wie kaum etwas sonst dazu, um den Konflikt zwischen den Generationen symbolträchtig auszutragen. In der Studentenrevolte von 1968 wuchsen die Mähnen und die

Bärte; inzwischen zeigt man »linken« Eltern und Lehrern seine »rechte« Gesinnung mit dem kurz- oder kahlgeschorenen Schädel. Doch im Text treten zwei Schlüsselbegriffe auf. »Effeminiert« heißt »verweichlicht« oder »weibisch«, und »menschliche Inklinationen« sind als »männliche Neigungen« zu übersetzen. So treten das Böse und das Gute in ihren Kontrast.

Je mehr nun der kleine Fritz heranwächst, desto heftiger geraten die Zusammenstöße. Der Vater beschimpft, prügelt, demütigt den Sohn und läßt ihn auch noch wissen: »Wenn mein Vater mich so behandelt hätte, so hätte ich mich längst umgebracht. Aber du hast keinen Mut und bist ein bloßer Schurke.« Der verzweifelte Friedrich unternimmt schließlich einen Fluchtversuch. Der mißlingt; es folgen Haft, Verhöre und die Hinrichtung des Freundes und Fluchthelfers Katte vor den Augen des Achtzehnjährigen. Diese Szene erweist sich als Wendepunkt des Dramas; Friedrich nimmt die Unterwerfung an, die ihn ins Leben zurückführt – und wird dann »der Große«, der Heldenkönig, der Preußen zu europäischem Rang emporkämpft. Sein Wahlspruch heißt: »Es ist nicht nötig, daß ich lebe, wohl aber, daß ich meine Pflicht tue.«

Ach, immerfort ist das später in den Geschichtsbüchern und Schulen erzählt, verherrlicht, zum Vorbild verklärt worden, als handle es sich – jedenfalls für Deutsche – um die Sinnbestimmung des Lebens. Und kaum noch, immer weniger war vom Menschlichen die Rede, von dem Preis, den Friedrich für die Unterwerfung zu zahlen hatte. Unaufhaltsam wuchs mit dem Älterwerden seine Einsamkeit; ausweglos geriet er in die Herzensversteinerung, den Zynismus, die Menschenverachtung hinein. Am Ende blieben ihm bloß noch die Hunde, und sein letzter Wunsch war, bei ihnen und nicht bei den Menschen begraben zu werden, die er nicht mehr ertrug. Mehr als zweihundert Jahre haben wir gebraucht, um diesen Wunsch zu erfüllen.

Freilich gehören zum klassischen Preußen noch Bildung und

Aufklärung, und zumindest die Sehnsucht nach einer ergänzenden Zartheit wird hier und dort spürbar. In den Finsternissen unseres Jahrhunderts aber ging es nur noch um Roheit und Härte. Hitler hat von seinen Hitler-Jungen gefordert, daß sie »zäh wie Leder, hart wie Kruppstahl und flink wie die Windhunde« sein sollten – und nichts außerdem. In Hitlers Buch »Mein Kampf« wird im übrigen die Verachtung für alles dem Anschein nach Schwache kenntlich:

»Gleich dem Weibe ..., das sich lieber dem Starken beugt, als den Schwächling beherrscht, liebt auch die Masse mehr den Herrscher als den Bittenden ... Die Unverschämtheit ihrer geistigen Terrorisierung kommt ihr ebensowenig zum Bewußtsein, wie die empörende Mißhandlung ihrer menschlichen Freiheit ... So sieht sie nur die rücksichtslose Kraft und Brutalität ihrer zielbewußten Äußerungen, der sie sich endlich immer beugt.« Ist es abwegig, wenn man sagt, daß in der Gleichsetzung der vom Führer beherrschten Masse mit »dem Weibe« sich die Männerphantasie vom Vergewaltigen offenbart?

Es geht mir hier nicht ums Vergangene, sondern um die Gegenwart und um die Zukunft. Aus dem Rückblick folgt der Rat: *Halte dich von denen fern, die die Zartheit verlachen.* Und nur damit du weißt, in welche Kumpanei du damit gerätst, erzähle ich dir meine alten Geschichten.

Noch eine Gedankenlosigkeit sollten wir jetzt ein für allemal beiseite räumen: die Verwechslung der Zärtlichkeit mit Schwäche. Das eine hat mit dem anderen überhaupt nichts zu tun. Eher ist das Gegenteil wahr: Wer ständig in seiner Stärke und Härte wie in einer Ritterrüstung daherklirrt, zeigt damit nur, daß er sie nötig hat. »Wovor fürchtest du dich?« möchte man fast mitleidig fragen. »Hast du so schlimme Erfahrungen gemacht, daß du die Panzerung brauchst?«

Umgekehrt setzt die Zärtlichkeit eine Öffnung, ein Vertrauen zum Partner voraus, das wiederum ohne Selbstvertrauen, ohne Ich-Stärke nicht gelingen kann. Erst aus dieser Partnerschaft von Vertrauen und Selbstvertrauen erwächst der Mut, sich als schwach und verletzbar, als traurig und in Tränen oder verträumt, kurz, in Gefühlen zu zeigen. Und erst in diesem wohlverstandenen Sinne gilt der Satz von Adorno, den man dann auch als einen Ratschlag zur Partnerwahl deuten dürfte: *»Geliebt wirst du einzig, wo du dich schwach zeigen darfst, ohne Stärke zu provozieren.«*

Der Männlichkeitswahn, der die preußisch-deutsche Geschichte weithin bestimmt hat, mußte davon schweigen oder darüber hinweglügen, letztlich zum Schaden der Männer. Immer wurde ihnen gesagt, daß das Amt und die Aufgabe wichtig sei, nicht die Person. Große Leistungen ließen sich damit ohne Zweifel erbringen. Aber das Gefühlsleben verkümmerte und verdorrte bis zur Selbstaufgabe oder zur Selbst- und Menschenverachtung – wie schon bei Friedrich dem Großen. Und je weiter in der Entwicklung voran, desto mehr klammerte man sich an das bloß Äußerliche. Folgerichtig wußten die Männer nicht mehr aus noch ein, als 1945 das Amt und die Aufgabe, die Ehre und die Uniform plötzlich verschwanden. Damals waren es die Frauen, das angeblich »schwache« Geschlecht, die nicht nur sich selbst und die Kinder, sondern auch die Männer ins Überleben retteten.

Nur in einem stimme ich als geborener Preuße den Preußen nachdrücklich zu: im Abscheu vor der Wehleidigkeit. Wenig oder nichts verbindet sie mit der Zärtlichkeit und mit dem Zeigen der Gefühle, es sei denn im Sinne einer Verzerrung, Karikatur oder Perversion. Die Wehleidigkeit stellt sich aufdringlich und marktschreierisch dar; immer muß sie ihre »Betroffenheit« zur Schau stellen und fällt wie ein aufgestochener Ballon in sich zusammen, wenn niemand sie beachtet.

Die Zärtlichkeit ist eine leise Tugend, die im Lärm keine Chance hat. Ich bitte um Verzeihung, wenn ich noch einmal in die Geschichte zurückgreife, um den Gegensatz anschaulich zu machen; der Bezug zur Gegenwart wird sich sehr schnell zeigen. Kaiser Wilhelm II. unternahm in der Friedenszeit vor dem Ersten Weltkrieg auf seiner Yacht »Hohenzollern« alljährlich Nordlandreisen, von denen die Frauen und die Kinder ausgeschlossen waren. Wie es da zuging, notierte der Freund des Kaisers, Philipp Graf, später Fürst Eulenburg:

»Die Orchestermusik von früh bis abends ist auf die Dauer recht ermüdend, um nicht zu sagen ›unerträglich‹. Aber der Kaiser gehört zu den Menschen, denen Lärm einen angenehmen Eindruck macht. Man weiß nicht, wohin man fliehen soll, um den Trompeten zu entgehen.«

Aber was sollen wir erst sagen? Oder wohin fliehen? Früher mußte man wirklich ein Kaiser von Gottes Gnaden oder sonst ein hochgestellter und reicher Mann sein, um sich den Lärm leisten zu können. Heute, im Zeichen des demokratischen Fortschritts, ist sozusagen jedermann zum Kaiser von eigenen Gnaden geworden. Das kostet fast nichts; man muß nur den Lautsprecher bis zum Anschlag aufdrehen. Und wie ist es mit dem Verkehrslärm, wie mit dem Jubel und Trubel unter der Sommersonne von Rimini, Gran Canaria oder Florida? Wie in der Discothek?

Dabei ist die Zärtlichkeit nicht nur, wie schon die Höflichkeit, eine leise, sondern auch eine langsame Tugend. Sie verträgt das Tempo und die Direktheit nicht, zu der man uns in allen Lebensbereichen drängt, zu der wir selbst drängen, um so schnell wie möglich »zur Sache« und ans Ziel zu kommen, weil Zeit nun einmal Geld ist. So gesehen gehört die Zärtlichkeit zu den Luxusgütern, zu dem Überflüssigen, von dem in einem früheren Kapitel bereits die Rede war. Sie braucht ihre Zeit, unsere Behutsamkeit und Geduld, um zu keimen, zu wachsen und sich mit Worten und mit Blicken, im Lächeln, unter unseren Händen, im Anrühren des Leibes und der Seele wie eine Blume zu entfalten. Um so größer ist dann das Glück, wenn sie dort erblüht, wo es sonst nur Wüste oder Geröll gab.

Aber wie finden wir aus dem Lärm und der Hast zur Zärtlichkeit zurück? Dazu gibt es einen sehr einfachen Rat: *Lerne von Kindern*. Oder wenn du die schon nicht findest, dann halte dich zumindest an Katzen. Beide, die Kinder wie die Katzen, schenken uns ihre Zeit und ihre Zärtlichkeit, wenn wir sie nur im geringsten dazu ermutigen.

Es mag sich zwar seltsam anhören, wenn man sagt, daß wir von Kindern lernen sollen. Denn gemeinhin unterstellen wir, daß sie nichts wissen und erst einmal von uns, den Erwachsenen, zu lernen haben. Aber Kinder sind auf die Zärtlichkeit angelegt – buchstäblich auf Gedeih und Verderb. Ohne die Zärtlichkeit, die sie erfahren, gibt es für sie weder Glück noch das Selbstvertrauen, das in die Zukunft trägt; es entsteht und bleibt, meist lebenslang, eine Zerrissenheit, ein Schwanken zwischen Versagensangst und Aggression – wie bei Kaiser Wilhelm II. Wer dagegen Zärtlichkeit erfuhr, wird auch später zu ihr fähig sein. Nichts Wichtigeres können wir daher Kindern für ein lohnendes Leben mitgeben als diese Erfahrung.

Doch wie ein Saatkorn vielfältig Frucht trägt, so schenken Kinder reich zurück, was sie empfangen. Sie sind wirklich die geborenen Erzieher zur Zärtlichkeit. Wenn wir nur wollen, wecken sie das längst Verschüttete in uns auf. Wir dürfen bloß nicht dem Wahn verfallen, daß es sich für uns – und besonders für Männer – nicht mehr gehört, mit Kindern kindlich und das heißt eben: zärtlich zu sein. Fast möchte man hier an die Geschichte erinnern, die in der Bibel, im Matthäusevangelium erzählt wird:

»Zu derselben Stunde traten die Jünger zu Jesus und sprachen: Wer ist doch der Größte im Himmelreich? Jesus rief ein Kind zu sich und stellte es mitten unter sie und sprach: Wahrlich, ich sage euch: Wenn ihr nicht umkehret und werdet wie die Kinder, so werdet ihr nicht ins Himmelreich kommen.«

Falls das als zu weit hergeholt erscheint, nenne ich ein neueres Vorbild. Von Immanuel Kant, dem längst weltberühmten Philosophen, berichtet sein Freund und Biograph Jachmann:

»Bis zum Entzücken liebenswürdig erschien der große Mann noch in seinem Greisenalter durch sein liebreiches Betragen gegen ganz junge Kinder.«

»Noch im Greisenalter«: Das ist ein willkommenes Stichwort. Manchmal male ich mir Utopien aus, nicht die gewaltigen, welterrettenden, die ins Unheil führen, sondern die kleinen und unscheinbaren. Ich denke an ein Bündnis von jungen und alten Menschen, von Enkeln oder Urenkeln mit Groß- oder Urgroßeltern; ich stelle mir vor, daß man Kindergärten und Altersheime nicht so strikt und steril voneinander trennt, wie das heute geschieht, sondern sie verbindet. Alte Leute brauchen die Zärtlichkeit so dringend wie Kinder; im Bündnis, in der Verbindung der Generationen könnte man einander schenken, was man entbehrt. Wahrscheinlich schauen dann die Altenpfleger und Kindergärtnerinnen erstaunt zu und lernen vielleicht selbst noch etwas.

Früher einmal gab es das Bündnis der Generationen, nicht bloß im Märchen vom Rotkäppchen, sondern alltäglich und handfest. Erst die moderne Gesellschafts- und Familienentwicklung hat es zerrissen; eben darum sind ja die Kindergärten und Altersheime entstanden. Sollte in ihnen nicht wieder zusammenwachsen, was zusammengehört? Aber wie schon gesagt: Es handelt sich um eine Utopie – und das heißt in der wörtlichen Übersetzung: um den Ort Nirgendwo.

Muß indessen die Zärtlichkeit überhaupt auf der Strecke bleiben? Ich hoffe nicht. Jeder kann ihr begegnen, wenn er einen Anfang wagt. *Übe die Zärtlichkeit ein*, rate ich darum und füge mit Zuversicht hinzu: Wenn du sie suchst, wirst du sie finden. Nur leise und behutsam mußt du dich bewegen, denn sie gleicht einem scheuen Reh.

Vom Vernünftigsein

»Sei vernünftig!« mahnen die Eltern und die Lehrer, die Freunde oder Kollegen, wenn wir drauf und dran sind, das in ihren Augen Törichte zu tun. Und »Nimm endlich Vernunft an!« heißt es hinterher, wenn wir es taten.

Leider ist es mit dem Vernünftigsein eine eigene, offenbar schwierige Sache. Etwas, sehr vieles kommt ihm und uns in die Quere: eine Begierde, der Egoismus, die Gewohnheit oder die plötzliche Wut, die Lust am Abenteuer, der Übermut oder die Feigheit, die Begeisterung. Was immer es sein mag: Wenn wir uns selbst als »vernunftbegabte Wesen« bezeichnen, gibt es wenig Anlaß, darauf stolz zu sein. Zwar hat am Anfang des 19. Jahrhunderts Hegel, der berühmte Philosoph, behauptet: »Was vernünftig ist, das ist wirklich; und was wirklich ist, das ist vernünftig.« Aber das liegt weit zurück, und wir können es kaum noch glauben. Bittere Erfahrung hat uns eines Schlechteren belehrt; indem wir zurückschauen in die Geschichte, die Gegenwart mustern oder die Zukunft erkunden, erkennen wir überall, daß die Menschen sich unvernünftig verhalten bis zum Wahn und zur Selbstzerstörung. Im übrigen haben bedeutende Denker wie Karl Marx, Friedrich Nietzsche oder Sigmund Freud längst schon gelehrt, daß wirtschaftliche Interessen, der Stolz oder dunkle Triebe uns leiten.

Aber wo kämen wir hin, welche Hoffnung bliebe ohne Vernunft? Sollen wir etwa dem Dunklen und Dumpfen, dem Wahn kampflos das Feld überlassen? Kaum zufällig hat der Philosoph Karl Jaspers bald nach 1945 drei wegweisende Vorlesungen gehalten, unter dem Titel: »Vernunft und Widervernunft in unserer Zeit.« Mein Ratschlag heißt daher: *Suche die Vernunft, denn sie wird dich erhellen.*

Doch wo begegnen wir ihr? Wann verhalten wir uns vernünftig, wann nicht? Sollen wir zum Beispiel vorsichtig abwarten oder wagemutig handeln? Auf diese Frage gibt es keine vernünftige Antwort. »That depends«, würden die Engländer sagen: Es hängt von den Umständen, von der Situation ab. Das heißt mit anderen Worten: Die Vernunft hat es zunächst einmal mit Erkenntnissen, mit Einsichten und nicht mit dem Handeln zu tun. Sie will die Verhältnisse aufklären, in denen wir uns befinden. Erst wenn die Aufklärung gelungen ist, kann die Stimme der Vernunft vielleicht uns zuflüstern, was wir tun sollen.

Auf der Suche nach Ratgebern bietet zunächst einmal die Erfahrung sich an. Sie ist, hat der schottische Schriftsteller Thomas Carlyle gesagt, »der beste Lehrmeister«. Allerdings fügt er hinzu: »Aber das Schulgeld ist hoch.« Seit die Lehrgeldfreiheit zu den Errungenschaften der Demokratie gehört, dürfte das abschreckend wirken, und ohnehin schleichen sofort die Zweifel herbei. Gewiß, in Hegels guter alter Zeit mochte ein Bauer sich auf Traditionen und auf seine Erfahrungen verlassen. In einer Welt, die sich unabänderlich so darstellte, wie sie immer schon gewesen war, ließ sich nichts Besseres finden als die von den Vätern und Vorvätern ererbte Weisheit. Aber wie ist es, wenn die altehrwürdigen Verhältnisse in Bewegung geraten und die Triumphe des Fortschritts sich ankündigen? Schon im Zeitalter Hegels und seiner Bauern klagt Mephisto im »Faust«:

»Vernunft wird Unsinn, Wohltat Plage;
Weh dir, daß du ein Enkel bist!
Vom Rechte, das mit uns geboren ist,
Von dem ist, leider! nie die Frage.«

Und wie erst in unserer Zeit der reißenden Veränderungen! Werden da Erfahrungen nicht zu Mühlsteinen um den Hals, die uns in die Tiefe ziehen? Müssen junge Leute nicht mit all ihren Kräften abwehren, was die Älteren ihnen aufdrängen wollen, um ihren Weg in die Zukunft zu finden?

Eine vernünftige Antwort sollte differenziert ausfallen. Je weiter die Ströme des Fortschritts – und das heißt im Kern: der technischen Errungenschaften – uns vom Vergangenen forttragen, desto weniger taugt die Erfahrung. Mephistos Klage ließe sich geradezu umkehren: »Weh dir, daß du ein Opa bist!« Denn im Gestrüpp dieses Fortschritts, auf den Daten-»Autobahnen« der Zukunft bist du verloren, wenn dein Enkel dich nicht an die Hand nimmt. Kaum zufällig wird gesagt, daß alle drei oder vier Jahre eine neue »Generation« von Computern auf den Markt kommt. Und wehe mir: Beim Anblick des Schreibgeräts, das ich mir 1982 auf dem damals neuesten Stand der Technik anschaffte und an das ich mich gewöhnt habe wie an einen zuverlässigen Mitarbeiter, schütteln junge Leute den Kopf und sagen: »Wie unvernünftig! Das gehört doch längst auf den Schrottplatz oder ins Museum.«

Doch nicht alles ist Technik, und nicht überall triumphiert der Fortschritt. Die Natur zum Beispiel bleibt hartnäckig konservativ. Wohl darum geraten wir mit ihr so oft und immer mehr über Kreuz. Falls wir ihr noch ein Lebensrecht lassen, wachsen Büsche und Bäume, Schwalben und Störche, Bären und Wölfe heran, wie sie es immer schon taten. Im Umgang mit der Natur heißt daher der Rat: *Höre auf Erfahrungen – und beherzige sie.* Ein Förster kann dir sagen, wie du dich im Wald vernünftig verhältst. Und höre auf den Bergführer in den Alpen, den Fischer im Wattenmeer, den Vogelwart vor den Nistplätzen, den Tierpfleger im Umgang mit Hunden und Katzen. Oder auf den Arzt, sofern er mehr ist als ein Körpertechniker, vielleicht sogar auf den Seelenhirten.

Die Begeisterung für die Natur stellt freilich eine Erfindung von Stadtmenschen dar. Sie entflammte im Zeitalter der Romantik – das heißt kaum zufällig in der gleichen Zeit, in der auch die Industrialisierung und mit ihr der Siegeszug des Fortschritts begann. Je unkenntlicher die Natur für uns wird, desto heller lodert diese Begeisterung empor, und sarkastisch gesagt richtet kaum etwas sonst einen größeren Flurschaden an. Aus ihren technischen Gehäusen bringen die Menschen die Gewohnheiten mit, die dazu passen, samt Turnschuhen, Bierdosen und Lärm. Man beobachte sie bei Gebirgswanderungen, im Wald, in Naturparks: Sie sehen und sie hören nichts, sie kennen keine Gefahren; die Unvernunft triumphiert. Und wehe den Nistplätzen, die man so nahe wie möglich anschauen will, wehe den süßen »Bambis«, den Rehkitzen, die offenbar nur darauf warten, daß man sie streichelt! Schon vor sechzig Jahren hat Robert Musil den Sachverhalt geschildert, als er schrieb:

»Wenn es sehr heiß ist und man einen Wald sieht, so singt man: ›Wer hat dich, du schöner Wald, aufgebaut so hoch da droben?‹ Das geschieht mit automatischer Sicherheit und gehört zu den Reflexbewegungen des deutschen Volkskörpers. Je ohnmächtiger die von der Hitze aufgequollene Zunge schon überall im Munde anstößt und je ähnlicher einer Haifischhaut die Kehle bereits geworden ist, desto empfindungsvoller reißen sie die letzte Kraft zu einem musikalischen Finish zusammen und beteuern, daß sie den Meister loben wollen, solang' noch die Stimm' erschallt. – Dieses Lied wird mit der ganzen Unbeugsamkeit jenes Idealismus gesungen, den am Ende aller Leiden ein Getränk erwartet.«

Der dringende Rat zum vernünftigen Umgang mit der Natur kann also wirklich nur lauten: *Verachte Erfahrungen nicht, sondern höre auf sie.* Wenn du das tust, wirst du selbst sie gewinnen, und sie werden dich beglücken.

Bloß als Beispiel folgt ein einfacher Vorschlag. Man kann dann und wann den Lichterglanz unserer Siedlungen und Städte hinter sich lassen und dort einen Spaziergang unternehmen, wo die Nacht noch halbwegs zur Nacht wird. Seltsames bekommt man da zu sehen; die Phantasie malt Nebelhexen und Baumgespenster. Seltsam erst recht dringen Geräusche, Stimmen auf uns ein, fremd zuerst, unheimlich sogar. Aber nach und nach werden sie vertraut, wie der Himmel mit seinen Sternbildern. Schon Immanuel Kant hat gesagt, daß zweierlei ihn zur Ehrfurcht erwecke: »das Sittengesetz in dir und der gestirnte Himmel über mir«. Manchmal herrscht auch die Stille, und die Erfahrung des Ungewohnten ergreift uns:

»Über allen Gipfeln
ist Ruh',
in allen Wipfeln
spürest du
kaum einen Hauch;
die Vögelein schweigen im Walde.
Warte nur, balde
ruhest du auch.«

Und wie ist es mit der menschlichen Natur? Zwar gehört zu ihr, daß wir immer nur künstlich, als Kulturwesen leben können. Aber darum gibt es sie doch, wie die Erfahrung lehrt, so konservativ wie alle Natur. In der neueren Geschichte hat man große Anstrengungen unternommen, um den sündhaften alten Adam zu einem neuen, besseren Menschen umzuschaffen, zunächst im Gedankenentwurf der Utopien, dann im praktischen Experiment.

»Wir wollen in unsrem Lande den Egoismus durch die Moral ersetzen, die Ehre durch die Rechtschaffenheit, die Gewohnheiten durch die Prinzipien, die Schicklichkeit durch die Pflicht, den Zwang der Tradition durch die Herrschaft der Vernunft, die Verachtung des Unglücks durch die Verachtung des Lasters, die Frechheit durch das Selbstgefühl, die Eitelkeit durch die Seelengröße, die Geldgier durch edle Ruhmsucht, die sogenannte gute Gesellschaft durch gute Menschen ...«: So hat es schon der Scharfrichter der Französischen Revolution, Maximilien Robespierre, formuliert. So hat man es immer wieder versucht, bis hin zum Sozialismus oder Kommunismus in der Sowjetunion, in der DDR, in China. Vergeblich. Keine Erziehung und keine Begeisterung half, keine Gewalt, keine Schreckensherrschaft. Am Ende triumphierte immer dieser alte Adam, der hartnäckig das Seine sucht.

Noch immer treten indessen die Leute auf, die vollmundig Aufrufe verfassen und behaupten, daß wir uns grundlegend ändern müssen, wenn wir uns retten wollen. Aber das sind die alten Lieder mit nur neuen Strophen; sie führen uns nirgendwo hin, es sei denn ins Unheil. Nach all den bitteren Erfahrungen, die wir gemacht haben, ist es wirklich an der Zeit, daß wir zur Vernunft finden und auf die Natur hören. Wie schon Konrad Adenauer gesagt hat: »Herr von Guttenberg, Sie müssen die Menschen so nehmen, wie sie sind. Es gibt keine anderen.«

Nicht oft, aber manchmal gelingt das Vernünftige, sogar politisch. Als die Amerikaner ihre Unabhängigkeit erkämpft hatten und sich eine Verfassung gaben, stellten sie nüchtern fest, daß in jeder Anhäufung von Macht bereits der Mißbrauch angelegt ist, und setzten dagegen die Gewaltenteilung. In der Verfassungsdebatte von 1787 und 1788 erschienen die »Federalist Papers«, hauptsächlich von Alexander Hamilton und James Madison geschrieben, in denen man nachlesen kann, wie das Prinzip der Gewaltenteilung aus der menschlichen Natur abgeleitet wird:

»Ehrgeiz muß durch Ehrgeiz unschädlich gemacht werden. Das persönliche Interesse muß mit den verfassungsmäßigen Rechten des Amtes Hand in Hand gehen. Es mag ein schlechtes Licht auf die menschliche Natur werfen, daß solche Kniffe notwendig sein sollen, um Mißbräuche in der Regierung zu verhindern. Aber setzt nicht schon die Tatsache, daß Regierungen überhaupt notwendig sind, die menschliche Natur in ein schlechtes Licht? Wenn die Menschen Engel wären, brauchten sie keine Regierung. Wenn Engel über die Menschen herrschten, dann wäre weder eine innere noch eine äußere Kontrolle der Regierung notwendig... Aber die Menschheit hat aus Erfahrung gelernt, daß zusätzliche Vorsichtsmaßnahmen geboten sind.«

An anderer Stelle heißt es: »Überlegungen dieser Art mögen denen als kleinlich erscheinen, die in Amerika die idyllischen Tage des poetischen oder mythischen Zeitalters heraufbeschwören wollen; wer aber glaubt, daß auch uns das normale Maß an Wechselfällen und Schwierigkeiten nicht erspart bleiben wird, das jeder Nation zugemessen ist, wird sie mit ernster Aufmerksamkeit lesen.« – In dem Geist, der aus diesen Texten spricht, ist eine Verfassung der Freiheit entstanden, die bis heute Bestand hat.

Ähnlich nüchtern und vernünftig haben sich die Männer und Frauen verhalten, die 1948/49 die Verfassung der Bundesrepublik, das Bonner Grundgesetz, schufen. Nicht von Utopien ließen sie sich leiten, sondern von der Erfahrung mit der Gewaltherrschaft und von der Frage, was zu tun sei, um ihre Wiederkehr zu verhindern. Inzwischen, im Rückblick nach fast einem halben Jahrhundert, kann man mit Zuversicht sagen: Diese nüchterne Vernunft gehört zu den Glücksfällen in unserer so oft unglücklichen Geschichte.

Aber was geschieht auf dem weiten und immer wichtigeren Feld, auf dem die Erfahrung versagt? Wie steuern wir unser gebrechliches Boot durch die Stromschnellen des Fortschritts, dem Ozean einer unbekannten Zukunft entgegen, den noch niemand vermessen hat? Ein erster und im Grunde ganz einfacher Rat heißt: *Frage dich und andere, ob das Neue wirklich besser ist als das Bestehende.* Denn jedes Verändern schafft erst einmal Kosten, oft auch Schmerzen im Abschied von dem Gewohnten.

In gelehrter Sprache wird dieser Rat als »Beweislastregel«

bezeichnet, und ich weiß, daß mancher sie verabscheut, weil sie zunächst das Neue, noch Unbekannte und erst in zweiter Linie das Bestehende kritisch befragt. Ist es nicht so, daß wir uns zu träge und viel zu ängstlich an das Überkommene klammern, statt uns mutig der Zukunft zuzuwenden? »Das machen wir schon immer so; das haben wir noch nie gemacht; da könnte ja jeder kommen«: Man kennt diese Ausreden der Unbeweglichkeit. Sind wir darum nicht in der Gefahr, hinter unsere Konkurrenten in Amerika, in Japan oder irgendwo sonst auf der Welt zurückzufallen?

Das mag wohl so sein. Die Frage ist nur, woher unsere Zukunftsängste stammen. Haben sie vielleicht damit zu tun, daß wir das Neue eben nicht beizeiten und vernünftig befragen, sondern uns von ihm überrumpeln lassen – und dann in Panik geraten?

Ein weiterer Ratschlag bietet sich hier an. Er ist in diesem Buch schon in anderen Zusammenhängen erwähnt worden, aber man kann ihn gar nicht oft und eindringlich genug wiederholen: *Traue denen nicht, die Patentrezepte verschreiben.* Indem sie alle Probleme der Gegenwart und der Zukunft mit einem einzigen großen Schlag lösen wollen, richten sie nur Unheil an. Und wenn wir es dann erkennen, erstarren wir in der Angst, die sich überhaupt keine Neuerung mehr zutraut. Positiv gewendet heißt der Rat zum vernünftigen Handeln: *Zerlege, wenn irgend möglich, die Entwicklung zur Zukunft in Teilschritte, die sich überblicken lassen.*

Schon im 18. Jahrhundert hat ein leidenschaftlicher Reformer, der Engländer Edmund Burke, den Sachverhalt geschildert: »Eine gemäßigte Reform ist dauerhaft und schließt ein Prinzip des Wachstums ein. Wann immer wir verbessern, sollten wir Raum für weitere Verbesserungen lassen. Wir sollten uns umblicken und prüfen, um festzustellen, was wir bewirkt haben. Dann können wir mit Zuversicht fortfahren, weil wir es mit Klugheit tun. Bei überhasteten Reformen dagegen, bei dem, was man mit mehr Eifer als Überlegung ›ganze Arbeit‹ nennt, ist alles meist so unausgereift, schroff und unverdaut, so sehr mit Unüberlegtheit und Ungerechtigkeit vermischt ..., daß die gleichen Leute, die eben noch die größten Eiferer waren, bald abscheulich finden, was sie angerichtet haben. Dann ruft man das gerade aus der Welt geschaffte Übel aus dem Exil zurück, um es als Korrektur der Korrektur einzusetzen; das Übel selbst gewinnt die Glaubwürdigkeit einer Reform; das Ideal guter Politik gerät als Utopie unerfahrener Hitzköpfe in Verruf. So werden schließlich die Übel unheilbar, nicht aus sich selbst, sondern wegen der falschen und gewaltsamen Heilmittel.«

Im Grunde meint dies nichts anderes, als was der Ökonom Joseph Schumpeter einmal in ein plastisches Bild gebracht hat: Ein Auto muß nicht langsamer, sondern kann um so zügiger fahren, je wirksamere Bremsen es hat. In der Tat: Ohne Bremsen forsch zu fahren, ist nicht ein Zeichen der Vernunft oder des Mutes, sondern unverantwortlicher Leichtsinn. Die Panik der Passagiere, ihr Wunsch, um beinahe jeden Preis anzuhalten und auszusteigen, ist dann nur zu verständlich. Was dagegen vernünftig ist, hat ein anderer großer und leidenschaftlicher Reformer, der Freiherr vom Stein formuliert: »Allein dadurch, daß man das Gegenwärtige aus dem Vergangenen entwickelt, kann man ihm eine Dauer in die Zukunft versichern; sonst erhält die neue Institution ein abenteuerliches Dasein ohne Vergangenheit und Bürgschaft für die Zukunft.«

Die vernünftigen Vorsätze sind freilich eine Sache, die praktischen Entscheidungen oft etwas ganz anderes. Wenn wir uns zum Beispiel umhören und fragen, ob wir die Gentechnologie nach Kräften entwickeln oder abwehren sollen, dann dröhnt uns bald der Kopf vom Stimmengewirr. Was die einen für unbedingt geboten halten, erscheint den anderen als Teufelswerk. Wie sollen wir uns dann entscheiden?

Schon wieder gilt, daß es keine Patentrezepte gibt, und deutlich ist nur, was unvernünftig ist. Es nützt nichts, sich die Ohren zuzuhalten, um irgendwo im Abseits Ruhe zu finden. Die Fragen, um die man streitet, werden dann zwar ohne uns entschieden, aber die Folgen holen uns ein. Erst recht hilft es nicht, wenn wir Hals über Kopf in eines der feindlichen Lager flüchten und dessen Fahne schwenken, bloß weil andere, etwa Menschen in unserer Nähe, das ebenfalls tun. Statt auf die Vernunft setzen wir damit auf den Zufall einer blinden Entscheidung. Zwar hat zur Zeit der Weimarer Republik Carl Schmitt behauptet, daß »es gerade in den wichtigsten Fragen wichtiger ist, daß entschieden werde, als wie entschieden wird«. Aber damit wurde die Vernunft verabschiedet und der Gewaltherrschaft das Tor geöffnet. Aus der Abdankung der Vernunft erscholl dann der Ruf, vom Jubel umbrandet: »Führer, befiehl, wir folgen!«

Als einzige Möglichkeit bleibt, daß wir geduldig das Gespräch suchen, die unterschiedlichen Standpunkte hartnäckig befragen, Begründungen verlangen – und auch dem Andersdenkenden zuhören. In diesem Sinne hat Karl Jaspers von Kommunikation gesprochen und gesagt: »Vernunft ist eins mit dem uneingeschränkten Kommunikationswillen ... Kommunikationslose Wahrheit wird ihr identisch mit Unwahrheit. Wahrheit, die sich an Kommunikation bindet, ist nicht fertig, horcht in der Mitteilung auf Widerhall und prüft sich selbst und den anderen. Sie ist unterschieden von aller einseitigen Verkündigung. Nicht ich bringe die Wahrheit, sondern ich suche mit dem Begegnenden nach der Wahrheit, hörend, fragend, versuchend.«

Die Vernunft setzt darum auf Mitmenschlichkeit statt auf Feindschaft. Sie mag ihr Ziel niemals erreichen. Aber ihr zu folgen gehört zu den Angeboten und Aufgaben eines lohnenden Lebens. Noch einmal Karl Jaspers:

»Vernunft ist in Bewegung ohne gesicherten Bestand.

Sie drängt zur Kritik jeder gewonnenen Position, steht daher im Gegensatz zu der Neigung, sich durch endgültig feste Gedanken vom weiteren Denken zu befreien.

Sie verlangt Besonnenheit – sie steht im Gegensatz zur Willkür.

Sie vollzieht die Selbsterkenntnis und, mit dem Wissen um Grenzen, die Selbstbescheidung – sie steht im Gegensatz zum Übermut.

Sie verlangt unablässig zu hören und kann warten – sie steht im Gegensatz zum verengenden Rausch des Affekts.

In diesen Bewegungen arbeitet sich Vernunft heraus aus den Fesseln des Dogmatischen, der Willkür, des Übermuts, des Rausches, – aber wohin?

Vernunft ist der Wille zur Einheit. Die Schwungkraft der Vernunft und die Vorsicht ihres Hellwerdens erwächst aus der Frage, was diese Einheit sei.

Sie will nicht irgendeine Einheit ergreifen, sondern die wirkliche und einzige Einheit suchen. In allem vorzeitigen und teilweisen Ergreifen von Einheit, wenn diese die letzte und absolute sein soll, weiß sie sich verloren. Denn sie will das Eine, das alles ist.

Daher darf sie nichts auslassen, was ist, nichts fallen lassen, nichts ausschließen. Sie ist als sie selbst grenzenlose Offenheit.«

Vom Gespräch unter Freunden

Zum Menschen gehört die Sprache, und seine Worte ordnen die Welt. »Denn als Gott der Herr gemacht hatte von der Erde allerlei Tiere auf dem Felde und allerlei Vögel unter dem Himmel, brachte er sie zu dem Menschen, daß er sähe, wie er sie nannte; denn wie der Mensch allerlei lebendige Tiere nennen würde, so sollten sie heißen. Und der Mensch gab einem jeglichen Vieh und Vogel unter dem Himmel und Tier auf dem Felde seinen Namen.«

Aber nicht nur von unserer Natur her sind wir Sprachwesen, sondern wir werden es immer mehr – und vielleicht auch einseitiger. In früherer Zeit ging die Mehrheit der Menschen vor allem mit Dingen und den Werkzeugen in ihren Händen um: mit Pflug und Sense, Beil und Hobel, Hammer und Amboß oder mit dem Spinnrad. Nur wenige bekamen es sozusagen beruflich mit dem Wort zu tun, zum Beispiel die Priester. Noch gegen Ende des 19. Jahrhunderts hat der Historiker Heinrich von Treitschke behauptet, daß sich daran nichts ändern könne.

Es liegt, so sagte er, »in der menschlichen Natur selber begründet, daß die ungeheure Mehrheit der Kräfte unseres Geschlechts aufgehen muß in der Befriedigung der gröbsten Lebensbedürfnisse. Das bloße Dasein zu fristen, ist für den Barbaren der Hauptinhalt des Daseins. Und so gebrechlich und bedürftig ist von Natur unser Geschlecht, daß auch auf höheren Kulturstufen die ungeheure Mehrheit der Menschen immer und überall der Sorge um das Leben, der materiellen Arbeit ihr Dasein widmen muß, oder um es trivial auszudrücken: Die Masse wird immer die Masse bleiben. Keine Kultur ohne

Dienstboten. Es versteht sich doch von selbst, wenn nicht Menschen da wären, welche die niedrigen Arbeiten verrichten, so könnte die höhere Kultur nicht gedeihen. Wir kommen zu der Erkenntnis, daß die Millionen ackern, schmieden und hobeln müssen, damit einige Tausende forschen, malen und dichten können. Das klingt hart, aber es ist wahr und wird in aller Zukunft wahr bleiben.«

Doch eine andere Zukunft kündigte sich bereits an, als der gelehrte Demagoge das schrieb. 1895 betrug der Anteil der Lebensarbeitszeit an der Lebenserwartung 16,8 Prozent, aber schon 1970 hatte sich dieser Anteil mit 7,9 Prozent mehr als halbiert. Noch stärker hat sich der Inhalt der Arbeit verändert; immer weniger Menschen gehen noch im alten Sinne mit Dingen und Werkzeugen um, immer mehr mit Informationen und mit Worten. Und wenn die Zeichen der Zukunft nicht trügen, wird diese Entwicklung sich weiter und womöglich dramatisch fortsetzen. Die Triumphe der Technik machen aus uns endlich die Sprachwesen, die wir von unserem Ursprung her immer schon waren.

Ob uns damit auch das Gespräch besser gelingt als früher, ist eine andere Frage. Eher scheint das Gegenteil der Fall zu sein. Es ergeht ihm wie einer Blume ohne Wasser, die nicht erblüht und nicht duftet, sondern den Kopf hängen läßt. Dafür gibt es Gründe, und es ist nicht schwer, sie zu ermitteln. Zunächst einmal handelt es sich um den Wandel der Berufe.

In der vormodernen Gesellschaft arbeitete die große Mehrheit der Menschen auf dem Lande und in der Landwirtschaft. Man lebte miteinander und teilte die Erntesorgen. Sogar zur Stadt gehörten die Ackerbürger und die Viehherden. Handel und Handwerk gediehen mit den Früchten des Feldes oder gerieten, wie die Bauern, mit der Mißernte in Not. Fast jeder konnte also mit jedem sachverständig reden, und das Persönliche kam wie von selbst hinzu. Denn man wohnte nahe beieinander und kannte sich, in der Regel von den Kindesbeinen bis ins Alter. Der Wohnbezirk und der Arbeitsplatz bildeten eine Einheit. An Geburt, Hochzeit, Krankheit, Tod und Begräbnis nahm das ganze Dorf, die halbe Stadt Anteil, am Kirchgang und an den Kirchenfesten ohnehin. Wie sollte man sich da nicht unterhalten, besonders im Winter, wenn die Arbeit schon früh endete und man auf der Ofenbank zur Ruhe kam?

Zur modernen Entwicklung gehört die unaufhaltsam fortschreitende Spezialisierung. Der Kreis derer, die füreinander noch sachverständig sind, wird immer kleiner – und verstreut sich zugleich, über Deutschland und Europa hinaus bis nach Amerika, Japan oder Australien. Mein früherer Nachbar, der Fachmann für eine längst verschollene Sprache, geriet in die Schlagzeilen, als er eine uralte Inschrift entzifferte. Als ich ihn fragte, wie viele Menschen auf der Welt seine Leistung nachvollziehen und würdigen könnten, zählte er sie an den Fingern auf: »Es sind fünf – nein, sechs!«

Das mag ein zugespitztes Beispiel sein, aber es bezeichnet die Tendenz. Mein eigener akademischer Lehrer war Philosoph und Soziologe, dessen Nachfolger Soziologe, und der heutige Lehrstuhlinhaber ist bloß noch Industriesoziologe. Aber handelt es sich womöglich schon wieder um ein zu großes Feld, das niemand mehr überblickt? Kurzum: Die stürmische Entwicklung des Wissens, die eine Bedingung des Fortschritts und der Leistung am Arbeitsplatz ist, treibt uns in die Enge. Und was eigentlich kann der Heimkehrer von der Arbeit seiner Frau, den Kindern oder den Nachbarn noch erzählen? Wie soll er anschaulich machen, was er tut?

Fachsimpeln oder Geschwätz aus dem Hörensagen, das scheint die traurige Alternative zu sein. Denn wovon soll andererseits die Frau, sofern sie nicht selbst berufstätig ist, ihrem Mann erzählen, außer von den immer gleichen Haushalts- und Kindersorgen? Oder vom Hörensagen bei Nachbarn? Er antwortet dann mit einem zerstreuten »Ach ja?« – und versteckt sich hinter der Zeitung. Oder er schaltet das Fernsehen ein.

Das, so sagen die Kritiker, ist ein Totschlaginstrument; es wirkt sich auf die Gesprächskultur mörderisch aus. Doch womöglich ist es genau umgekehrt: Das Fernsehen wurde gerade rechtzeitig erfunden und wird dringend gebraucht, weil es uns vor der bitteren Einsicht bewahrt, daß wir uns nicht mehr selbst unterhalten können. Übrigens und vielleicht nicht von ungefähr gehört zu den populären Programmangeboten das Gespräch, sprich die Talk-Show. Doch sie stellt uns ein Zerrbild vor. Erstens können wir nicht mitreden, sondern nur zuschauen. Zweitens muß es vor Spannung fast bersten, damit die Zuschauer nur ja sich nicht langweilen und zum anderen Programm umschalten. Je greller und aufgeregter, desto besser. Also setzt man, wenn irgend möglich, den Bischof neben die Hure und den Schlachtermeister neben den Vegetarier. Zum Gespräch, das seinen Namen verdient, gehört dagegen die behagliche und entspannte Atmosphäre.

Und wie ist es mit den jungen Leuten, die aus der häuslichen Langeweile fortstreben in die Discothek, um sich unter den Rhythmen, im Flackerlicht auszutanzen? Sie urteilen hart über ihre Eltern und überhaupt über die älteren Leute, mit denen sie sich kaum noch etwas zu sagen haben. Aber übernimmt die Musik nicht eine ähnliche Funktion wie das Fernsehen? Dröhnt sie vielleicht darum so laut, weil sie das Gespräch überflüssig, vielmehr unmöglich macht? Müssen oder wollen wir uns mithin vom Gespräch verabschieden, weil es zu der Welt von gestern, aber kaum mehr zur Gegenwart und erst recht nicht zur Zukunft gehört?

Nein, das glaube ich nicht. Wenn Gott oder die Natur den Menschen zu einem Sprachwesen bestimmt hat, dann braucht er das Gespräch zu seinem lohnenden Leben. Jedem von uns ist doch irgendwann das gute, gelungene Gespräch schon begegnet, und jeder erinnert sich gern daran: »Das war ein schöner Abend!« Noch lange zehrt man von ihm wie von einem seltenen Glück. Wenn es immer weniger gelingt, dann fehlt uns etwas, was wir bitter vermissen – selbst wenn es schwerfällt, das einzugestehen. Warum denn sonst sind wir einerseits so griesgrämig und müssen andererseits, angestrengt lustig, alles »einfach toll« oder »echt geil« finden? Mein Ratschlag heißt: *Suche das Gespräch – und die Freunde, die du dafür brauchst.*

Aber wie fangen wir das an? Der Rest dieses Kapitels ist dem Versuch gewidmet, Antworten zu geben, um den noch inhaltsleeren Ratschlag mit praktischem Rat zu füllen. Ich beginne mit den äußeren Bedingungen, die nur scheinbar nebensächlich sind, zunächst mit der Zahl der Gesprächsteilnehmer.

Ein Zwiegespräch mag wichtig, manchmal entscheidend wichtig sein. Aber es trägt nicht sehr weit; die Dauer ist sein Feind. Ohnehin wird es oft von der Paarbeziehung, dem Spannungsverhältnis der Geschlechter bestimmt und versandet mit ihm, wenn keine Ausweitung gelingt. Dann ergeht es uns wie im »Kleinen Solo« von Erich Kästner:

> »Einsam bist du sehr alleine.
> Aus der Wanduhr tropft die Zeit.
> Stehst am Fenster. Starrst auf Steine.
> Träumst von Liebe. Glaubst an keine.
> Kennst das Leben. Weißt Bescheid.
> Einsam bist du sehr alleine –
> Und am schlimmsten ist die Einsamkeit
> zu zweit.«

Womöglich noch schlimmer steht es um das »Gespräch unter vier Augen«, das gar keines ist. Entweder handelt es sich um die streng vertrauliche Mitteilung oder um die Standpauke.

Auch das Gespräch zu dritt bleibt heikel; nur zu leicht bildet sich eine Frontstellung von zwei Personen gegen die dritte. Auf der Gegenseite darf man die Zahl nicht überdehnen. Vom siebenten Teilnehmer an zerbricht die Einheit des Gesprächs. Man hört nicht mehr gut, was am anderen Ende des Tisches gesagt wird; Untergruppen entstehen. Hält man die Runde dennoch zusammen, so ist das kaum ohne Zwang möglich, und immer wird es dann Unzufriedene geben, die selten oder gar nicht zu Wort kamen.

Einmal mehr kann man von Immanuel Kant etwas lernen. Er war nicht nur ein großer Philosoph, sondern auch ein Genie des Gesprächs. Pünktlich mit dem Glockenschlag um ein Uhr begann seine Mittagstafel, und nach der Suppe lehnte der Gastgeber sich behaglich zurück, sah erwartungsvoll in die Runde und sagte: »Nun, meine Herren und Freunde! Lassen Sie uns auch etwas sprechen! Was gibt's guts Neues?« Natürlich drängten viele an diese Tafelrunde; ihr Ruhm wurde nur von der Friedrichs des Großen in Sanssouci übertroffen. Aber als weiser Mann hatte Kant vorgesorgt: Er besaß nur sechs Gedecke.

Einigen wir uns also auf vier bis sechs Teilnehmer und erklären fünf zur goldenen Mitte.

Das gute Gespräch braucht das angemessene Ambiente, die bekömmliche Atmosphäre, das gedämpfte, nicht das grelle Licht – und bequeme Sessel. Die Engländer haben das schon immer gewußt und ihre Klubhäuser entsprechend ausgestattet. Ein Kaminfeuer taugt eigentlich zu gar nichts, jedenfalls nicht zum Heizen, aber das Gespräch wird von ihm magisch beflügelt. Ähnlich ist es auf der Terrasse, wenn ein Sommerabend unmerklich in die Nacht verdämmert.

Das Gespräch braucht Zeit, um sich zu entfalten. Es verträgt die Eile, den besorgten Blick auf die Uhr so wenig wie seinen Mißbrauch zu anderen Zwecken; das »Arbeitsessen« ist eine barbarische Erfindung. Gewiß darf man das Gespräch nicht ausdehnen, bis es in die Übermüdung sinkt; um Peinlichkeiten zu vermeiden empfiehlt es sich, mit der Einladungszeit gleich auch das Ende anzugeben. Aber drei oder vielleicht vier Stunden sollten möglich sein. Die Fernseh-»Gespräche«, indem sie sich mit einem Bruchteil dieser Zeit begnügen müssen, widerlegen bereits, was sie ankündigen.

Zur behaglichen Atmosphäre hilft das gute, aber nicht üppige Essen. Wie bei Kant eine sehr gute Suppe oder ein leichtes Gericht, später eine erlesene Käseplatte: Mehr ist nicht nötig, sondern eher vom Übel, weil ein übervoller Bauch mundfaul macht und das Auf- und Abtragen der Gedecke den Gesprächsfluß unterbricht.

Und dann die Getränke. Ich bin kein Feind des Biers; wenn ich nach Vorträgen oder Lesungen samt anschließender Diskussion anderthalb Stunden oder noch länger mit erhobener Stimme gesprochen habe, kenne ich nichts Köstlicheres, um die ausgedörrte Kehle zu erfrischen. Aber beim Gespräch unter Freunden brauchen wir keine Stimmgewalt, und wenn ich mich in Europa umschaue und frage, in welchen seiner Regionen das Gespräch eher gedeiht und in welchen eher nicht, stoße ich auf Gebiete der Wein- statt der Bierkultur. Kostbar, trocken, würzig und leicht sollte munden, was wir einschenken, und überall darf man wenn nötig sparen, nur hier nicht.

Mancher mag jetzt den Kopf schütteln und fragen, ob die äußeren Umstände wirklich so wichtig sind. Ja, ich bestehe mit Nachdruck darauf. Sie erbringen, salopp formuliert, schon »die halbe Miete« oder noch mehr. Es ist kaum zu glauben, wie die angemessene Atmosphäre das Gespräch beflügelt, selbst unter Menschen, die sich sonst wenig zu sagen wissen – und wie andererseits widrige Bedingungen alles verpfuschen, seien es auch nur unbequeme Stühle, übereifrige Kellner oder lärmende Nachbarn in einem sonst vorzüglichen Restaurant.

Doch wie finden wir nun die Gesprächspartner? Wo den Freundeskreis? Was überhaupt bedeutet die Freundschaft? Zu allen Zeiten ist darüber Kluges und Törichtes gesagt worden; schon in der Antike hat man dem Thema philosophische Überlegungen und Bücher gewidmet. Lieder der Freundschaft erklangen. Eines der schönsten, das es in deutscher Sprache gibt, hat im 17. Jahrhundert Simon Dach angestimmt. Es heißt in ihm:

»Der Mensch hat nichts so eigen,
so wohl steht ihm nichts an,
als daß er Treu' erzeigen
und Freundschaft halten kann;
wenn er mit seinesgleichen
soll treten in ein Band,
verspricht sich, nicht zu weichen
mit Herzen, Mund und Hand.

Die Red' ist uns gegeben,
damit wir nicht allein
für uns nur sollen leben
und fern von Leuten sein;
wir sollen uns befragen
und sehn auf guten Rat,
das Leid einander klagen,
so uns betreten hat.

Was kann die Freude machen,
die Einsamkeit verhehlt?
Das gibt ein doppelt Lachen,
was Freunden wird erzählt;
der kann sein Leid vergessen,
der es von Herzen sagt;
der muß sich selbst auffressen,
der in geheim sich nagt.«

Lebensklug wird hier die beglückende Wechselbeziehung zwischen dem Gespräch und der Freundschaft ausgemalt. Freilich neigt man gerade in Deutschland dazu, den Begriff der Freundschaft so zu überhöhen, daß niemand mehr an sie heranreicht. Sogar ein nüchternes Nachschlagewerk wie die Brockhaus Enzyklopädie bezeichnet Freundschaft als »ein Verhältnis aus gegenseitiger individueller Zuneigung bei rückhaltloser Vertrautheit mit den Lebensumständen des Freundes oder der Freundin«. Aber wann schon darf man die Rückhaltlosigkeit wagen, ohne die Enttäuschung zu riskieren? Solch eine Freundschaft ist ein derart kostbares und seltenes Geschenk, daß kein Ratgeber sagen kann, wie man sie findet. Wer nun auf den einzigartigen Weggefährten durchs Leben, durch gute und vor allem durch schlimme Zeiten wartet, der tut es womöglich lebenslang vergeblich. Er liest dann bitter nur noch, was in seinem »Herbsttag« Rainer Maria Rilke von ihm sagt:

»Wer jetzt kein Haus hat, baut sich keines mehr.
Wer jetzt allein ist, wird es lange bleiben,
wird wachen, lesen, lange Briefe schreiben
und wird in den Alleen hin und her
unruhig wandern, wenn die Blätter treiben.«

Selbstverständlich gehört zum guten Gespräch immer das Persönliche, ein Einverständnis, eine Zuneigung, die Sympathie. Man muß sich mögen und darf den Partner nicht für einen Dummkopf halten oder bei seinem Lachen zusammenzucken, weil es so grell klingt. Aber von »rückhaltloser Vertrautheit« oder einer Treue auf Lebenszeit bleibt man damit noch weit entfernt.

Ich will es bei diesen Anmerkungen belassen und jetzt so handfest praktische Ratschläge geben, wie schon bei den äußeren Bedingungen. Die Stufenfolge, die ich im folgenden entwickle, darf natürlich nicht als ein starres Schema, sondern nur als Anregung zum eigenen, den Umständen angepaßten Handeln verstanden werden.

1. Suche dir einen guten Bekannten, einen Freund oder eine Freundin eher im Alltagssinne, der oder die sich mit dir für die Idee begeistert, einen Gesprächskreis zu gründen. In der Zweisamkeit kann man sich beraten und Schlüsse aus Fehlschlägen und Erfolgen ziehen.

2. Seht euch im Bekanntenkreis nach den drei oder vier Leuten um, an die die ersten Einladungen gehen.

Die Auswahl fordert freilich Bedacht, am Anfang wie später. Meidet die berufsbedingte Inzucht! Ob es sich um Landwirte, Apotheker, Lehrerinnen oder Professoren handelt: Jede Kollegenschaft gerät ins Fachsimpeln und ins Klagen über die schlimmen Umstände, in die gerade die eigene Zunft geraten ist. Überhaupt sollte man die Horizonte nicht einengen; das gute Gespräch braucht zwar Sachinhalte, wenn es nicht zum Geschwätz entarten soll, aber es darf nicht irgendwo festkleben wie die Fliege am Leim, sondern es sollte sich leichtfüßig von einem Gegenstand zum anderen bewegen. Was man bei den Gesprächspartnern voraussetzen muß, ist im Grunde nur ein waches Weltinteresse und eher die Verschiedenheit als die Gleichförmigkeit der Ausgangspositionen. Das gilt nicht zuletzt im Sinne einer Mischung der Generationen. Der längst berühmte und schon ältere Kant wollte vor allem jüngere, oft sehr viel jüngere Leute bei sich sehen.

3. Besteht darauf, daß es sich nicht um die übliche Einladung unter Nachbarn oder Bekannten, sondern um etwas ausgefallen Neues oder – im Sinne eines »Salons« – das verschroben Altmodische handelt. Dies ist wichtig, um die Gegeneinladungen auszuschließen, bei denen zwangsläufig die Ehepartner und die jeweiligen Lebens- oder Augenblicksgefährten ins Spiel kommen, die man vielleicht nicht brauchen kann. Übrigens sollten die dann ausgeschlossenen Ehepartner oder Lebensgefährten sich nicht ärgern, sondern es als Chance begreifen, daß sie die Nähe bewahren, indem sie von ihr sich entlasten. Ein guter Rat heißt daher: *Sucht euch unterschiedliche Gesprächskreise!*

Natürlich darf man aus diesem Rat keine starre Regel machen. Es ist möglich und sogar naheliegend, daß zum Beispiel zwei oder drei Paare sich zusammentun. Allerdings ist die Gefahr groß, daß man dann auch für die Dauer unter sich bleibt, weil man so gut aufeinander eingespielt ist, und sich nicht mehr mit Gästen bereichert. Oft gelingt das Gespräch jeweils nur unter Männern oder Frauen tatsächlich leichter, eben weil man sich aus der Enge der Paarbeziehungen befreit, in denen man ohnehin schon weiß, was der andere zu sagen und nicht mehr zu sagen hat.

4. Zur Abgrenzung vom üblichen Hin und Her der Einladungen hilft, daß das Gespräch zu einer Institution, einer festen Einrichtung wird. Es sollte regelmäßig, mindestens einmal im Monat, und stets am gleichen Tag, zur gleichen Stunde stattfinden. Eine Variante stellt der »Brunch« am Sonntagvormittag dar, mit den entsprechenden Umstellungen bei Speisen und Getränken, zum Beispiel vom Wein zum Champagner.

5. Es sollte eine Mischung von Stammgästen und neuen Gesichtern geben. Denn einerseits erleichtert die Vertrautheit das Gespräch. Andererseits droht dem immer gleichen Kreis die Fäulnis, wie einem See ohne Zu- und Abfluß.

6. Wenn nach dem Eingangsgericht sich das Behagen ausbreitet, beginnt das Gespräch im engeren Sinne: »Nun, meine Herren und Freunde ...« Aber weil wir weniger geübt sind als zu Kants Zeiten, empfiehlt es sich, die eine oder andere Frage in Bereitschaft zu halten, um den Anfang zu machen oder Stockungen abzuwenden.

7. *Seid geduldig und laßt euch durch Fehlschläge nicht entmutigen.* Wie überall gilt für die Kunst des Gesprächs, daß erst Übung den Meister macht. Früher oder später wird sich herumsprechen, daß durchaus nicht verschroben ist, was ihr tut, und man wird eure Gäste um die Einladungen beneiden, die sie erhalten. Doch wenn ihr dann Nachahmer findet: um so besser.

Manche jungen Leute mögen nun maulen und meinen: Das alles mag zu »Gruftis« passen, aber nicht zu uns. Es ist wahr: Je weiter ins Alter hinauf, desto wichtiger wird das Gespräch unter Freunden. Doch einmal mehr trifft die Schäferweisheit ins Schwarze: Was Hänschen versäumet, holt Hans nicht mehr ein.

Man kann nicht früh genug anfangen und muß die Bedingungen nur ein wenig umarrangieren. Sogar mit wenig Geld hilft die Phantasie zu einem lohnenden Sonntagsfrühstück oder Abendessen; wenn es an Sesseln fehlt, kann man auf dem Fußboden sitzen, und so fort. Als ich Student war, ausgestattet mit einem Stipendium von 150 DM im Monat, habe ich mit meinem Zimmergenossen reihum berühmte Professoren zum »Brunch« eingeladen. Alle waren darüber sehr erstaunt, alle sind gerne gekommen, und fast immer entspannen sich angeregte Gespräche über Gott und die Welt.

Warum traut ihr euch das denn nicht zu? *Tut euch zu einem kleinen Kreis zusammen und probiert es aus.* Überall gibt es interessante Leute, die darauf warten, daß man sie fragt und zum Erzählen verführt. Man muß ja nicht gleich beim Oberbürgermeister anfangen, aber irgendwann wird auch er zu euren Gästen gehören. Und mit dem gehörigen Selbstbewußtsein solltet ihr feststellen: Wer eure Einladung hartnäckig ablehnt, ist sie nicht wert.

Eine letzte Frage: Rückt nicht bei allem, was hier gesagt wurde, das Gespräch einseitig in den Vordergrund und die Freundschaft in den Schatten? Nein, durchaus nicht. Zwar gibt es, wie im Lied von Simon Dach, eine Wechselwirkung. Doch zugleich besteht eine zeitliche Rangordnung. Man gewinnt nicht erst Freunde, um dann mit ihnen das Gespräch zu eröffnen, sondern umgekehrt gilt: Aus dem Gespräch, das uns beglückt und reicher macht, wächst die Freundschaft – vielleicht, wer weiß, sogar die fürs Leben.

Vom Erinnern

Als Immanuel Kant zum alten Mann wurde – oder zum Greis, wie man in seiner Zeit noch mit Ehrfurcht statt abschätzig sagte –, ließ sein Gedächtnis ihn zunehmend im Stich. Um Abhilfe zu schaffen, machte er sich nicht den berühmten Knoten ins Taschentuch, bei dessen Anblick man verzweifelt fragt, woran er erinnern soll. Nein, sehr weise legte er sich ein Heft an, in das er sorgfältig eintrug, was er unbedingt behalten wollte. Als dann der langjährige Diener Lampe entlassen werden mußte, weil er mehr und mehr der Trunksucht verfiel, schrieb Kant in sein Gedächtnisheft: »Der Name Lampe muß nun völlig vergessen werden.«

Diese Geschichte fällt mir manchmal ein, wenn ich mich in der Gegenwart umschaue. Unsere Welt ist aufs Erinnern nicht gut eingerichtet; als sei sie vergreist, verliert sie mehr und mehr das Gedächtnis. Immerfort gibt es Aufregungen und Katastrophen, doch immerfort stößt die eine die andere in den Abgrund des Vergessens. Wie denn sonst? mag man fragen. Wir haben genug damit zu tun, uns auf die Zukunft einzustellen. Warum noch den Ballast mitschleppen und sich an das erinnern, was einmal war? Und manch einer fügt kühn hinzu: »Laß die Toten ihre Toten begraben« – natürlich ohne sich daran zu erinnern, daß der Satz aus der Bibel stammt.

Die Umwendung des Menschen von der Vergangenheit zur Zukunft läßt sich in allen Lebensbereichen erkennen, besonders dort, wo es um Bildung geht. Früher, als noch Ordnung herrschte, war die Schule vor allem Gedächtnisschule, und kein besseres Mittel gab es dafür als das Auswendiglernen. Um nur ein Beispiel zu nennen: Es gehörte zum Bildungsstandard, ohne Stocken Schillers »Lied von der Glocke« aufsagen zu können – ein seltsames Sinngedicht, das gar kein Ende nimmt und volle zehn Druckseiten benötigt. Da schaudern inzwischen nicht nur die Schulkinder, sondern auch ihre Lehrer mit Recht und sagen: Es kommt darauf an, das Lernen zu lernen, das man lebenslang braucht.

Freilich ist die Umwendung des Menschen vom Vergangenen zur Zukunft mit einem schlechten Gewissen verbunden; etwas wie Taktlosigkeit, ein Mangel an Pietät haftet hartnäckig an ihr. Darum sucht man nach dem bekömmlichen Ausgleich und schafft mit dem angemessenen Aufwand das künstliche Gedächtnis – sozusagen die Behaltehefte Kants, ins Monumentale gesteigert.

Kaum zufällig beginnt mit dem Industriezeitalter und dem Siegeszug der Technik im 19. Jahrhundert auch die große Zeit der Museen und Sammlungen, der Archive, der Historiker und der Denkmalpfleger. Jede Stadt, die etwas auf sich hält, legt sich ein Heimatmuseum und ein Stadtarchiv zu. Auf dem Lande greifen die Pastoren und die Lehrer zur Feder und verfassen eine Chronik des Kirchspiels oder des Dorfes. Auch die Erinnerungsvereine werden gegründet und finden Zulauf, sei es als Geschichts- und Heimat- oder als Kriegervereine. Nicht zuletzt beginnt die Konjunktur der Denkmäler. Sie erinnern an die gefallenen Helden. Oder sie zeigen unseren guten alten Kaiser Wilhelm – den Ersten – als den begnadeten Mann, mit dem die Herrlichkeit eines längst versunkenen Reiches triumphal zurückkehrte: Man sehe sich den Kyffhäuser in Thüringen oder den Kaisersaal zu Goslar an.

Und wie dann erst Bismarck! Für ihn werden bis zum Ersten Weltkrieg etwa ein halbes Tausend Denkmäler, Türme und Feuerstätten erbaut. Aus der Erinnerung wächst zugleich Hoffnung für die Zukunft, wie uns ein Chronist dieser Denkmäler, Max Ehrhardt-Apolda, vollmundig erklärt: »O, daß uns die lebendige Erinnerung an den deutschen Mann Bismarck, der uns einzigste politische Kraft zeigte in den unbegrenzten Weiten und Tiefen seines deutschen Gemütes, Kraft verleihen möge zu hoffen. Deshalb lassen wir uns auch nicht abhalten, unsere Marktplätze und unsere Höhen zu schmücken mit den Bildern Otto von Bismarcks. Die Menschheit hat doch einmal Symbole nötig für ihre Ziele und für die Kraft zum Verfolg dieser Ziele ...«

Heute ist es nicht anders; nur die Themen haben gewechselt. Statt der Helden gedenken wir der Opfer. Wenn daher die Regierung und das Parlament von Bonn nach Berlin umziehen, muß man auch und in der entsprechenden Größe Erinnerungsstätten schaffen. Schließlich sollen der Bundespräsident, der Bundeskanzler und unsere Staatsgäste wissen, wo sie ihre Kränze niederlegen und die Schleifen zurechtzupfen können, damit der liebe Gott sie liest. Der Streit wird nur darum geführt, wie diese Gedenkstätten aussehen, wo genau sie errichtet werden sollen – und wem im einzelnen sie zu widmen oder besser nicht zu widmen sind.

Unseren Alltag allerdings erreicht dieser Aufwand kaum, und der Verdacht ist vielleicht nicht ganz abwegig, daß er vor allem zur Beschwichtigung hilft. Aus dem schlechten wird das gute Gewissen: Wir haben fürs Erinnern getan, was wir konnten. Ohnehin wird auf dem neuesten Stand der Technik längst alles Wissenswerte umfassend gespeichert und bombensicher verwahrt. So dürfen wir beruhigt zur Tagesordnung übergehen. Auf ihr aber stehen die Gegenwart und eine Zukunft, für die das Vergangene nichts mehr bedeutet.

Wahrscheinlich klingt es altmodisch, wenn man hartnäckig behauptet, daß das Erinnern wichtig ist. Jedenfalls werde ich mich davor hüten, meine Meinung den jungen Leuten aufzudrängen, die mit ihrer Zukunft beschäftigt sind. Sie sollen sich aneignen, was sie hierfür brauchen, und ob ihnen das Vergangene hilft, müssen sie selbst entscheiden. Vielleicht ist es nutzlos. Aber womöglich gehört es – eben darum – zu dem Überflüssigen, von dem in einem früheren Kapitel die Rede war, zu den kostbaren Dingen des Lebens, in deren Abglanz wir Freiheit erfahren. In diesem Sinne, nur in ihm, rate ich: *Leiste dir den Luxus des Erinnerns, denn er wird dich beglücken.*

Aus der Zukunft weht der kalte Wind einer unerbittlichen Konkurrenz, für den einzelnen wie für die Völker; jeder muß zusehen, wie er sich seinen Platz erkämpft und ihn gegen die Mitbewerber verteidigt. Zur Tugend des Tüchtigseins gehört als ihr Schatten die Untugend, die Erfahrung immer hinzu, daß man hart, oft rücksichtslos sein und die Ellenbogen gebrauchen muß. Wie im Wilden Westen herrschen in jeder Zukunftsgesellschaft rauhe Sitten, und die Moralprediger, die über ihren Verfall klagen, finden zwar Zulauf und Beifall, aber sie bewirken nichts.

Im Erinnern gibt es diesen Kampf ums Dasein nicht. Es führt zusammen, weil es die Ergänzungen braucht, in denen ohne alle Rivalität aus Teilen ein Ganzes entsteht. Kaum zufällig tauscht man Erinnerungen bereitwillig aus. Und wenn jemand sagt: »Da täuschst du dich, es war ganz anders!« wächst nur die Einsicht, daß man die Gemeinsamkeit braucht, um aus dem Irrtum zur Wahrheit zu finden. Das Erinnern schafft Freunde, manchmal sogar unter ehemaligen Feinden.

Freilich ist das Erinnern ein unzuverlässiger Geselle, der zum Schönreden und zum Aufschneiden neigt, als sei er der berühmte Lügenbaron Münchhausen. Leichthin macht er die Häuser, die Plätze, die Bäume der Kindheit weit größer, als das Nachmessen sie zeigt, und ohne eine Spur von Erröten behauptet er, daß früher alles viel besser war als heute: »Damals, in deiner Jugend, gab es noch richtige Sommer und kernfeste Winter. Man konnte nach Herzenslust baden und rodeln. Der Apfel schmeckte wie ein Apfel, das Brot wie Brot, und Musik klang wie Musik. Oder wie erst die Feste ...« Wenn wir den Kerl unterbrechen, zur Rede stellen und fragen, warum er die Armseligkeit und die Plackerei, den Neid, das böse Hinterherreden verschweigt, dann setzt er eine schmollmundige Unschuldsmiene auf und sagt: »Undank ist der Welt Lohn. Ich meine es doch nur gut.«

Das stimmt sogar, und vermutlich sind diesem Gutmeinen manche Erleichterungen unseres Lebens zuzuschreiben. Aber leider verdirbt das Erinnern. Es schmeckt kaum noch nach der Welt von gestern, sondern eben nach dem Schönreden und der Aufschneiderei. Auf die Genauigkeit kommt es darum an; an ihr entscheidet sich alles, von der Glaubwürdigkeit bis zur Qualität des Erzählens. Denn immerfort bekommen wir ja das Schludrige, das Ungefähre zu hören, das niemanden interessiert – außer dem, der es samt fadem Witz und dröhnendem Gelächter zum hundertsten Mal wiederholt und gar nicht bemerkt, wie er im Daherreden erstarrt ist. Aus der Genauigkeit wächst dagegen die Anschauungskraft des Erzählens, dem wir uns gespannt statt gelangweilt hingeben.

Nur um einen Schritt weiter betreten wir schon die Welt der Literatur. Ich weiß nicht, ob Schriftsteller von Hause aus mehr von der Sprache verstehen als andere Menschen. Doch ich bin sicher, daß alle Literatur von Rang, gleich ob im Roman, im Gedicht oder im Sachbuch, etwas mit der durchdringenden Kraft, der Unbestechlichkeit des Erinnerns zu tun hat. »Dichtung ist immer nur eine Expedition nach der Wahrheit«, heißt es bei Franz Kafka, und von Friedrich Hölderlin stammt das stolze Wort: »Was bleibet aber, stiften die Dichter.«

Daraus folgt zunächst, daß gute Bücher uns zum Erinnern helfen. Das althanseatische Lübeck ist nicht verloren dank Thomas Mann, die alte Mark Brandenburg nicht dank Theodor Fontane; Danzig wurde aus seinem Untergang in Feuer und Blut gerettet durch Günter Grass, und Siegfried Lenz verlockt uns ins Heimweh nach Masuren. Weil das genaue Erinnern die Kehrseite des Menschlichen nicht verschweigt, folgt allerdings auch, daß diejenigen sich ärgern und von »Nestbeschmutzung« reden, die bloß das Schönreden ertragen. Aber wenn man diesen Leuten nur für kurze Zeit seine Aufmerksamkeit widmet, dann erkennt man, daß zu ihrem Übergolden und Glätten als Zwillingsbruder der Haß auf die Wahrheit gehört, der die Krankheit einer verkrüppelten und gelähmten Erinnerung ist.

Es wäre ein Mißverständnis, wenn man aus der Genauigkeit aufs platte Abbilden schließen wollte. Das gibt es ohnehin nicht, nicht einmal in der Fotoreportage. »Erinnern heißt auswählen«, sagt Günter Grass mit Recht. Doch gerade die Auswahl setzt, wie alles Geschichtenerzählen, wie schon jede Anekdote oder der gelungene Witz, das Exemplarische voraus, das aus dem genauen Erinnern, der präzisen Beobachtung stammt. Entsprechend steht es mit dem Märchenhaften, dem phantastischen Einfall. Erfindung braucht Wissen. Je weiter wir uns dem Anschein nach von der Wirklichkeit entfernen, desto wichtiger werden die Welterinnerungen und Seelenkenntnisse, wenn das Fabulieren nicht ins Geschwätz abgleiten soll.

Aber wie erreichen wir die Genauigkeit? Hilfsmittel bieten zunächst sich an. Es gibt Bibliotheken voller Bücher, die Sammlungen, die Museen. So unglaublich es klingt: Man kann sie benutzen. Wer wissen will, wie viele Einwohner vor dem Kriegsbeginn von 1939 eine Stadt oder das Dorf hatte, in dem er geboren wurde, der findet nach einiger Suche die entsprechenden Angaben. Ein altes Reichskursbuch sagt, welche Zeit damals der Schnellzug von Berlin nach Stolp, nach Königsberg oder nach Breslau brauchte. Tiefer in die Vergangenheit helfen die hier oder dort erhaltenen Kirchenbücher. Ähnlich die Zeitungsarchive: Bekanntlich ist nichts so unnütz und veraltet wie das Tageblatt von gestern, aber nach fünfzig Jahren wird es wieder zur aufregenden Lektüre. Vielleicht lebt ja auch noch die uralte Großtante, die ihre vergilbten Fotos und ihr Wissen vom Vergangenen als den Schatz hütet, um den es sich tatsächlich handelt.

Überhaupt sollte man nach den Menschen suchen, die erzählen können. Schon die Brüder Grimm berichten davon, daß sie viele der Märchen, die sie sammelten, einer Bäuerin in Niederzwehren bei Kassel, der Frau Viehmännin, verdankten. »Wer an leichte Verfälschung der Überlieferung, Nachlässigkeit bei Aufbewahrung und daher Unmöglichkeit langer Dauer als Regel glaubt, der hätte hören müssen, wie genau sie immer bei der Erzählung blieb und auf ihre Richtigkeit eifrig war; sie änderte niemals bei einer Wiederholung etwas in der Sache ab und besserte ein Versehen, sobald sie es bemerkte, mitten in der Rede gleich selber.« Menschen wie diese Frau Viehmännin gibt es auch in unserer Zeit; sie warten auf uns und freuen sich, wenn wir sie fragen.

Robert Louis Stevenson schrieb die spannende Geschichte von der Schatzinsel, auf der die Piraten ihre Beute versteckten. Die Spannung der Schatzsuche überträgt sich auf uns, wenn wir die dunkel überwachsenen Wege betreten, die ins Erinnern führen. Dabei gehört zu den überraschenden Entdeckungen, daß wir weit mehr wissen, als wir glaubten. Wir müssen nur geduldig suchen und beharrlich den Spaten ansetzen, um die Schätze ans Licht zu heben, die wir irgendwo im Gedränge des Großwerdens, in der Jagd nach dem künftigen Glück fortwarfen oder verloren und dann vergaßen. Und unwillkürlich wächst mit den ersten Entdeckungen die Forscherlust, die Neugier auf das, was noch auf uns wartet; es macht einfach Freude, sich der Fährtensuche hinzugeben.

Schließlich, doch nicht zuletzt gehört zur Sache das Gespräch unter Freunden, von dem im vorigen Kapitel die Rede war. Ein unermeßlicher Stoff wächst ihm zu. Wir zeigen ja nicht nur mit Stolz vor, was wir fanden, und wenden es kritisch hin und her, um das Echte vom Unechten zu scheiden, sondern wir werden auch mit Ratschlägen versorgt und ermutigt: »Bleibe auf deiner Spur – wer weiß, wohin sie dich leitet!«

Zum Gewinn, den uns die Beschäftigung mit Vergangenem

einbringt, gehört ein besseres Verständnis der Gegenwart. Wir erkennen den Wandel, aus dem sie hervorging. Nichts ist selbstverständlich so, wie es ist – und schon gar nicht »natürlich«; alles ist einmal entstanden und wird auch wieder vergehen. Damit lernen wir, uns nicht zu wichtig zu nehmen und nachsichtig zu sein gegenüber dem abweichenden Verhalten. Vielleicht lernen wir sogar, uns vor den Modetorheiten der Gegenwart zu hüten. Aus dem Abstand nimmt sich vieles im Wortsinne fragwürdig, manches lächerlich aus, was wir sonst unkritisch hinnehmen oder bewundern. Wie denn, wenn nicht aus dem Abstand, den wir gewinnen, entsteht die Kraft zum Verändern? Und wie sonst sollten wir andererseits erkennen, was wirklich wichtig und wert ist, verteidigt zu werden?

Vielleicht kann man noch um einen entscheidenden Schritt weitergehen und sagen: Erst das Erinnern macht uns zu Menschen. Als Naturwesen sind wir an das immerwährende »Jetzt« unserer Antriebe und Sinneswahrnehmungen gebunden, die uns befehlen, was wir tun müssen. Auch das Lerngedächtnis höher entwickelter Tiere befreit von ihnen noch nicht, sondern schafft nur ein zusätzliches Steuerungsorgan. Erst ein gegen die Antriebe und Wahrnehmungen durchgehaltenes, zur Eigenständigkeit befestigtes Erinnern führt in eine neue, die menschliche Dimension. Denn mit ihm entsteht das Selbst-Bewußtsein, das Gegenüber zur Gegenwart, das wir »Ich« nennen. Aus diesem Gegenüber erschließt sich zugleich die Zukunft als der Horizont unseres eigenen, selbstverantwortlichen Handelns. In solcher Perspektive wäre das Erinnern freilich nicht mehr als ein Luxus anzusehen, auf den wir verzichten könnten; es gehört zur conditio humana, zur Bedingung des Menschseins. Doch um so wichtiger wird, ob wir es pflegen oder der Verwahrlosung preisgeben, und nur davon soll hier die Rede sein.

Dabei müssen wir uns einer Frage stellen, die ernst genug ist: Gehört zum Erinnern nicht auch die Trauer um das Verlorene, je älter wir werden, desto mehr? Und zur Zukunft der Tod? So vieles blieb schon am Wegrand zurück: Kindheit und Jugend, Hoffnung und Heimat, geliebte Menschen. Was sollen wir sagen, wenn wir zu hören bekommen: »Ich möchte daran nicht mehr erinnert werden, denn der Schmerz sitzt zu tief.« Ist da nicht das Schweigen geboten?

Ich vermute im übrigen, daß der Unwille, um nicht zu sagen die Angst vor dem Erinnern etwas mit der Verheißung der modernen Gesellschaft zu tun hat, den Schmerz zu vermeiden. Das gilt zunächst einmal leiblich; die örtliche Betäubung und die Schmerztablette gehören zu den Errungenschaften unserer Epoche, die niemand mehr missen will. Und warum soll im Zeitalter der Gleichberechtigung der Geist oder die Seele hinter dem Körper zurückstehen? Voraussetzung ist allerdings, daß man die Erinnerung als überflüssig durchschaut und sie fortstößt. Nur der Tod bildet dann noch ein Problem, denn irgendwann sagt er jedem Bürger der Zukunftsgesellschaft, daß es keine Zukunft mehr gibt. Hier liegt, denke ich, eine Erklärung dafür, daß man seinen Anblick meidet, als sei er obszön.

Auf seltsame Weise ist der Sachverhalt auch politisch benutzt worden. Im Jahre 1967 veröffentlichte Alexander Mitscherlich mit seiner Frau Margarete ein Buch unter dem Titel »Die Unfähigkeit zu trauern«. Dieser Titel kam gerade recht und mißriet sehr schnell zum Schlagwort, denn ein Jahr später, 1968, begann die Jugendrevolte gegen die Gründergeneration der Bundesrepublik. Die »Nazi«-Väter wurden unter Anklage gestellt und verurteilt, weil sie nach 1945 die »Trauerarbeit« nicht geleistet hatten, die ihnen auferlegt war, und sich unbußfertig zeigten.

Im Rückblick scheint mir an dieser Anklage alles, aber auch alles falsch zu sein. Bereits der Begriff der Trauerarbeit stellt ein Wortungeheuer, eine Ausgeburt der Gedankenlosigkeit dar. Unter Arbeit versteht man gemeinhin eine Tätigkeit, mit der man auf die eine oder andere Weise seinen Lebensunterhalt verdient. Trauerarbeiter wären dann vielleicht Pastoren, Beerdigungsunternehmer und Friedhofsangestellte. Aber nicht die waren gemeint, sondern eine ganze Generation. Davon abgesehen ist es entscheidend, daß der Schmerz ums Verlorene stets etwas Intimes, sehr Persönliches ist. Man kann ihn nicht uferlos ausdehnen, nicht auf Abermillionen von Menschen übertragen, die man niemals gekannt hat. Man trauert um das, was einem ans Herz wuchs, um den Lebenspartner, den Freund oder die Freundin, die verlorene Heimat. Wird nun diese Intimität der Trauer auf die politische Schaubühne gezerrt, so verdirbt sie; es bleibt von ihr bloß das Wehegekreisch, ein Schmierentheater, die Schaustellung einer »Betroffenheit«, an der nichts mehr echt und alles verlogen ist.

Vielleicht sollten wir wieder einmal die Bibel aufschlagen und im Lukasevangelium das Gleichnis vom Pharisäer und dem Zöllner lesen: »Es gingen zwei Menschen hinauf in den Tempel, zu beten, einer ein Pharisäer, der andere ein Zöllner. Der Pharisäer stand und betete bei sich selbst: ich danke dir, Gott, daß ich nicht bin wie die andern Leute, Räuber, Ungerechte, Ehebrecher oder auch wie dieser Zöllner. Ich faste zweimal in der Woche und gebe den Zehnten von allem, was ich einnehme. Und der Zöllner stand von ferne, wollte auch seine Augen nicht aufheben gen Himmel, sondern schlug auf seine Brust und sprach: Gott, sei mir Sünder gnädig! – Ich sage euch: Dieser ging hinab gerechtfertigt in sein Haus, nicht jener.«

Ich bitte um Verzeihung für meinen Ausbruch von Ärger. Aber die Gedankenlosigkeit fördert nicht, sondern blockiert, worauf es eigentlich ankommt. Im Kapitel über die Versöhnung habe ich zu zeigen versucht, daß wir Aufklärung brauchen und uns und einander die Wahrheit über den Ursprung des Unheils nicht ersparen dürfen, in das wir den Nachbarn stießen und dann selber gerieten. Einzig auf diesem Fundament der Wahrheit werden die Versöhnung und der Frieden möglich. Die

Schaustellung von Trauer und Betroffenheit aber leistet die Aufklärung nicht, sondern ersetzt sie durch ihr Gepränge und Getöse.

Um zum Ausgangspunkt zurückzukehren: Im Schmerz und in der Trauer geht es um die geliebte, jetzt unwiderruflich verlorene Nähe. Unser Schmerz will sie nicht hergeben. Sieht man genau hin, so erkennt man, daß in ihm das Verlorene zu einer Gegenwart erstarrt, die es nicht mehr gibt. Das ist die erste, sehr verständliche und sehr menschliche Reaktion auf den Verlust.

Mit dem Erinnern jedoch, wenn es nur geduldig, ausdauernd, ja wie schon beschrieben neugierig und entdeckungsfreudig bleibt, beginnt eine unerwartete Entwicklung. Die Erstarrung löst sich, weil eine Ablösung von der Gegenwart erfolgt und in die Vergangenheit rückt, was einmal war. Doch aus dem Abstand wächst eine neue Nähe, eine Liebe, vielleicht sogar ein tieferes Verstehen als vor dem Verlust. Weil das Erinnern bewahrt, verwandelt es den Schmerz in die Dankbarkeit für das, was einst zu unserem Leben gehörte. Wer dagegen in seinem Schmerz sich einschließt wie in einem Gefängnis, wen kein behutsam und beharrlich geführtes Gespräch daraus befreit, der ist tatsächlich zum Erstarren verurteilt.

Eine Schlußfolgerung drängt sich auf, und ein Ratschlag bietet sich an: *Übe die Kunst des Erinnerns beizeiten ein.* Denn dann wird sie dich tragen, wenn du sie brauchst. Und selbst wenn sie zum Bestehen in der Zukunftsgesellschaft wenig beiträgt, hilft sie zum lohnenden Leben.

Von der Vertrautheit und vom Abschiednehmen

Man sagt, daß unsere Urahnen als Nomaden durch die afrikanischen Savannen oder Steppen zogen. Aber das ist lange her; in Europa wurde man spätestens nach der Völkerwanderung seßhaft. Die große Mehrheit der Menschen lebte von der Landwirtschaft, und ein Bauer muß den Boden genau kennen, den er bewirtschaftet. Wenn man doch noch wanderte, zum Beispiel in Deutschland seit dem Mittelalter und bis in die Neuzeit hinein von Westen nach Osten, manchmal über die Reichsgrenzen weit hinaus bis an die Wolga, dann tat man es, um seßhaft zu werden. Nur wenige junge Männer – und fast niemals Frauen – zogen wirklich umher: Adlige, Handwerksburschen, Studenten. Dazu einige Kaufleute und Künstler, die Fuhr- und die Seeleute, die Soldaten. Und natürlich das Diebsgesindel. Die Zigeuner erregten die Phantasie, doch vor allem die Ängste und den Abscheu, weil sie nicht seßhaft waren.

Das hat sich gründlich geändert. Während man uns mahnt, daß es politisch nicht korrekt ist, vielmehr von Vorurteilen zeugt, wenn wir von »Zigeunern« reden, werden wir selber zu ihnen. Oder kehren wir, ein Ende befürchtend, zum Anfang bei den Nomaden zurück? Die allerdings folgten im Rhythmus der Jahreszeiten auf vertrauten Spuren ihren Herden oder dem Wild. Wir dagegen suchen nach dem Neuen, noch Unbekannten. Junge Leute, erst halbwegs flügge geworden, streunen kreuz und quer durch Europa und die Welt; sobald wie möglich verlassen sie den »heimischen Herd« und die Enge der Vorschriften und Vorwürfe, an denen sie zu ersticken glauben.

So geht es immer weiter, das Leben hindurch. Daß jemand

noch das Haus bewohnt, das sein Groß- oder Urgroßvater erbaute, stellt längst nicht mehr die Regel, sondern die bestaunte Ausnahme dar. Immer mehr Berufe setzen neben dem Umherreisen auch den periodischen Ortswechsel voraus. Ohnehin muß man seine Chancen zum Aufstieg dort suchen, wo sie sich bieten, im Zweifelsfall irgendwo in der Ferne. Je größer die Bereitschaft zur Mobilität, desto besser die Aussichten.

Entsprechend sieht es in den Familienverbänden aus – sofern man von denen überhaupt noch sprechen kann. Wenn ich in meinem eigenen Erfahrungshorizont zurückschaue, dann erkenne ich, daß man seit Menschengedenken in Hinterpommern lebte. Oft heirateten sich, und das in bedenklicher Häufung, der Vetter und die Cousine. Aber plötzlich tauchen Chinesinnen, Japanerinnen und Amerikaner auf, und man wohnt – auf Widerruf – in Niedersachsen, in Florida und in Tokio. Daß dabei die Vertreibung aus der angestammten Heimat einen Anstoß gab, wie für Millionen von Menschen, hat zwar unser Zeitalter schreckensvoll gekennzeichnet. Aber es hat die Tendenzen nur verstärkt, die seit langem sich ankündigten.

Um nur eines noch zu erwähnen: Selbst wenn wir es uns in den eigenen vier Wänden gemütlich machen, schweifen wir umher. An einem einzigen Fernsehabend besuchen wir – und sei es im Vorbeihuschen – die Insel Rügen und die schöne blaue Donau, den Balkan und den wilden Westen Amerikas, den Amazonas, die Buschmänner in Australien, die Löwen in Afrika und die Pinguine in der Antarktis, die U-Boot-Fahrer des Zweiten Weltkriegs im Atlantik und eine Zukunft, die irgendwo zwischen den Sternen sich abspielt. Falls wir am Sport interessiert sind, ist es ohnehin nicht mehr wichtig, wo die Karawane der Ski-Asse oder der Tennisspieler gerade Station macht.

Von Heimat reden nur noch wenige, meist alte Leute. Und meist sind es die, die sie schmerzvoll verloren. Ein Teil ihres Lebens ließen sie in Stolp oder Glowitz, in Breslau, Königsberg oder Pillkoppen zurück, und im Gedächtnis ist alles so geblieben, wie es »damals«, vor 1945, war. Auf paradoxe Weise haben diejenigen es schwerer, denen Flucht und Vertreibung erspart blieben. Denn Tag um Tag, Jahr um Jahr werden sie von den Veränderungen mitgerissen, die sich vollziehen. Wer nach längerer Abwesenheit zurückkehrt, findet erst recht kaum mehr vor, was seinem Erinnern entspricht. Die Dorfschule wurde schon vor dreißig Jahren dem pädagogischen Fortschritt geopfert, und die Kinder sind im Schulbus verschwunden. Auch der Krämerladen hat aufgegeben; dafür wurde für den Supermarkt am Ortsrand die Apfelbaumwiese betoniert. Bauern findet man immer seltener, um so mehr aber die Zuzügler aus der Stadt. Kurz: Alles verändert sich und in unaufhaltsam wachsendem Tempo. Nicht die Vergangenheit, sondern die Zukunft ist wichtig, und wer nicht ständig dazulernt, sieht sich bald zum »alten Eisen« geworfen, wie die Haus- und Handwerksgeräte, die er gestern noch brauchte.

Ahnungsvoll und der Entwicklung nach dem Zweiten Weltkrieg weit vorweg, hat Rainer Maria Rilke bereits 1925 geschrieben: »Noch für unsere Großeltern war ein ›Haus‹, ein ›Brunnen‹, ein ihnen vertrauter Turm, ja ihr eigenes Kleid, ihr Mantel: unendlich mehr, unendlich vertraulicher; fast jedes Ding ein Gefäß, in dem sie Menschliches vorfanden und Menschliches hinzusparten ... Die belebten, die erlebten, die uns mitwissenden Dinge gehen zur Neige und können nicht mehr ersetzt werden.«

Ist es wirklich so, wie der Dichter es sagt? Oder muß es in jedem Falle so sein? Ich zögere, statt daß ich mit einem einfachen Ja oder Nein antworte; ich bin mir nicht sicher. Etwas fehlt uns, wenn wir nur in die Zukunft hinein leben. Schon Kinder brauchen die Vertrautheit und schaffen sie sich; kein noch so raffiniertes elektronisches Spielzeug vermag etwas gegen den geliebten, längst abgegriffenen und irgendwann einohrig gewordenen Teddybären, zu dem man sich beim Einschlafen kuscheln kann. Und alte Leute brauchen das Vertrautsein erst recht. Hartnäckig überfüllen sie ihr Zimmer im »Senioren«-Wohnheim mit vergilbten Fotos und tausenderlei Krimskrams, den die Kinder oder Enkel sofort auf den Müll befördern würden, wenn man sie ließe.

Wie schon erwähnt wurde, ist es auch schwerlich ein Zufall, daß mit der modernen Entwicklung das Zeitalter der Museen und Heimatvereine beginnt; weil alles entschwindet, muß man künstlich bewahren, was es einmal gab. Selbst der unsagbar süßliche Kitsch sogenannter Heimatfilme und sogenannter Volksmusik, den das Fernsehen wieder und wieder uns vorsetzt, zeugt auf seine Weise von der Sehnsucht nach dem Aufbewahren.

Richtig bleibt allerdings, daß wir dem übermächtigen Sog zur Zukunft ausgesetzt sind, dem sich kaum jemand entziehen kann, und daß beinahe alles entschwindet, was gestern noch gültig war. Immerfort und mit Recht werden wir gemahnt, daß wir uns anstrengen müssen, um hinter den vorwärtsdrängenden Konkurrenten in Amerika oder Ostasien nicht zurückzubleiben. Das halb verfallene, mit Sorgfalt wieder hergerichtete Bauernhaus in der Toscana, der Provence oder in Irland bleibt für die meisten ein romantischer Traum, und das konsequente »Aussteigen« stellt sich nüchtern betrachtet als ein Luxus dar, der nur für wenige taugt. Nein, die Vertrautheit mit ehrwürdigen und liebenswerten Dingen versteht sich wirklich nicht mehr von selbst. Aber es scheint denkbar, daß wir selbst sie uns schaffen. Dafür gibt es viele Möglichkeiten; ich will von einem eigenen Beispiel berichten.

Im westlichen Weserbergland liegt etwa in der Mitte zwischen Kassel und Karlshafen der Reinhardswald, und nahe bei der Sababurg, mit der angeblich das Märchen vom Dornröschen verbunden ist, gehört zu ihm ein Stück »Urwald«. Nicht, daß er uns sagte, wie Deutschland zur Zeit der Germanen und Römer aussah; nur bis ins 19. Jahrhundert führt er zurück. Denn damals, mit dem Aufkommen der Eisenbahnen, die den

Holztransport jenseits der Flüsse erst möglich machten, entstand die moderne Forstwirtschaft, die uns die dichten und dunklen Bestände von Fichten oder Kiefern bescherte. Vor dieser Epochenwende des Waldes regierten die eher lichten Bestände, in denen besonders die alten Eichen und Buchen wichtig waren. Noch heute sprechen wir von der »Mast«, die sie liefern, und wissen kaum mehr, worum es sich handelt. Im Herbst trieb man die Schweineherden in den Wald, damit sie sich an den Eicheln und Bucheckern ihren weihnachtlichen Speckbauch anfraßen. Je nachdem, ob es gute oder schlechte Mastjahre gab, durfte man auf fette Schweine hoffen oder mußte sich mit den mageren begnügen. Diesen Zustand also bewahrt mein »Urwald«.

Seit einem halben Jahrhundert lebe ich in Göttingen, und seit fast fünfzig Jahren besuche ich ihn, zwar durchaus nicht regelmäßig, aber beharrlich immer wieder zu allen Tages-, Nacht- und Jahreszeiten. Immer bleibt dieser Wald, wie er war, und immer verändert er sich. Ein alter Baum ist im Sturm gestürzt, ein anderer hat einen Teil seines Astwerks verloren. Der Drache, zu dem sich einer der Gefallenen formte, ist irgendwann seinem Siegfried erlegen. Es gibt feuchte Gebiete mit Erlen- und Birkenbewuchs und die Farnflächen. Vor allem gibt es die uralten Riesen. Mancher hat mir sogar seinen Namen verraten. Einer heißt Alfred. Denn gespenstisch verrenkt er im Novembernebel oder im Mondlicht sein dürres Geäst und sieht wirklich so aus, als habe Alfred Kubin ihn mit seinem Zeichenstift für eine Spukgeschichte erfunden. Ein zweiter heißt Bärenheim, weil er sich zur Seite geöffnet hat und den Blick in eine anheimelnde Höhle freigibt, offenbar dafür gemacht, daß ein Bär hier seinen Winterschlaf hält. Leider habe ich den Bewohner noch niemals entdeckt, doch ich bin sicher: Irgendwann einmal wird er mir begegnen; ich muß nur beharrlich bleiben.

Mit anderen Worten: Im Verlauf der Jahrzehnte ist aus dem »Urwald« bei der Sababurg zwischen Kassel und Karlshafen *mein* Wald geworden; er ist mir ans Herz gewachsen und gehört zum Vertrauensbestand meines Lebens, an den ich mich halte. Denn er war vor mir da und wird bleiben, wenn man mich fortruft.

Ich beeile mich hinzuzufügen: Es handelt sich wirklich nur um ein Beispiel. Mit meinem Wald durchaus vergleichbar könnte es sich um die Häuser handeln, die irgendwo in einer Altstadt einen kleinen Platz umfrieden. Oder man denke an Kunstwerke. Der Rang eines Gemäldes, einer Musik, eines Buches erweist sich daran, daß man damit niemals ans Ende kommt und im Vertrauten das immer Neue entdeckt. Nicht zuletzt wäre von den Menschen zu reden, die das Schicksal uns zuführt. Wichtig ist einzig die Beharrlichkeit, mit der wir bei ihnen, bei den Dingen, den Kunstwerken, dem Teil einer Stadt oder dem Stück Natur bleiben. Denn die Vertrautheit stellt sich eben nicht mehr automatisch oder naturwüchsig her; wir selbst müssen sie erschaffen. Und dazu brauchen wir die Beharrlichkeit. Niemand hat das schöner geschildert als Saint-Exupéry; es lohnt sich, in sein Zwiegespräch zwischen dem Fuchs und dem kleinen Prinzen hineinzuhören, in dem es um die Frage geht, wie man miteinander vertraut wird.

Der Fuchs sagt: »Du bist für mich noch nichts als ein kleiner Knabe, der hunderttausend kleinen Knaben völlig gleicht. Ich brauche dich nicht, und du brauchst mich ebensowenig. Ich bin für dich nur ein Fuchs, der hunderttausend Füchsen gleicht. Aber wenn du mich zähmst, werden wir einander brauchen. Du wirst für mich einzig sein in der Welt. Ich werde für dich einzig sein in der Welt ...«

Denn, so sagt der Fuchs etwas später, »man kennt nur die Dinge, die man zähmt. Die Menschen haben keine Zeit mehr, etwas kennenzulernen. Sie kaufen sich alles fertig in den Geschäften. Aber da es keine Kaufläden für Freunde gibt, haben die Leute keine Freunde mehr. Wenn du einen Freund willst, so zähme mich!«

»Was muß ich da tun?« fragte der kleine Prinz.

»Du mußt sehr geduldig sein«, antwortete der Fuchs. »Du setzt dich zuerst etwas abseits von mir ins Gras. Ich werde dich so verstohlen, so aus dem Augenwinkel anschauen, und du wirst nichts sagen. Die Sprache ist die Quelle der Mißverständnisse. Aber jeden Tag wirst du dich ein bißchen näher setzen können ...«

Am nächsten Morgen kam der kleine Prinz zurück.

»Es wäre besser gewesen, du wärst zur selben Stunde hierhergekommen«, sagte der Fuchs. »Wenn du zum Beispiel um vier Uhr nachmittags kommst, kann ich um drei Uhr anfangen, glücklich zu sein. Je mehr die Zeit vergeht, um so glücklicher werde ich mich fühlen. Um vier Uhr werde ich mich schon aufregen und beunruhigen; ich werde erfahren, wie teuer das Glück ist. Wenn du aber irgendwann kommst, kann ich nie wissen, wann mein Herz da sein soll ...«

Was es mit der Zähmung zur Vertrautheit auf sich hat, wird vielleicht auch an einem dem Anschein nach ganz anderen Thema sichtbar, dem ich mich jetzt zuwende: dem Abschiednehmen. In der achten seiner Duineser Elegien hat Rilke geschrieben:

> »Wer hat uns also umgedreht, daß wir,
> was wir auch tun, in jener Haltung sind
> von einem, welcher fortgeht? Wie er auf
> dem letzten Hügel, der ihm ganz sein Tal
> noch einmal zeigt, sich wendet, anhält, weilt –,
> so leben wir und nehmen immer Abschied.«

Das klingt wie Musik in dem nur Rilke eigenen Rhythmus. Und entspricht es nicht genau den Tatsachen des modernen Lebens, von denen die Rede war? Lange glaubte ich das, aber inzwischen habe ich meine Meinung geändert. Abschied nehmen kann man nur von den wirklich vertrauten Dingen, von den Menschen, die man liebt, von den Landschaften und Lebensverhältnissen, die einmal Heimat bedeuteten. Doch das moderne Leben ist dazu gemacht, uns dieses Abschiednehmen zu ersparen. Wie sonst sollten wir das ständige »Vorwärts!« und das Zurücklassen, das Verschwinden von beinahe allem und jedem ertragen?

Um es so kraß wie handfest auszudrücken: Man verabschiedet sich nicht von der Waschmaschine, dem Kühlschrank oder dem Fernseher. Man tauscht nur die alten Geräte, die dann irgendwo auf den Müll befördert oder zur Wiederverwertung zerlegt werden, gegen die neuen, angeblich besseren ein. Und man verabschiedet sich nicht vom Bahnsteig in Dortmund, Mannheim oder Bebra, wenn man dort den Zug wechselt. Man murrt bloß, wenn der Anschluß sich verspätet, und atmet auf, wenn endlich die Weiterfahrt beginnt. Immer mehr Dinge und Beziehungen, die zu unserem Leben gehören, gleichen den Waschmaschinen oder den Bahnsteigaufenthalten. Sogar das sentimentale Verhältnis der Deutschen zu den Autos verliert sich allmählich; es ist albern, ihnen Namen zu geben, ihnen zuzureden und sie zu tätscheln, als seien sie die Liese oder das Karlchen, die einst den Kutschwagen zogen.

Naturgemäß kommen die jungen Leute von heute mit diesem Wandel viel besser zurecht als die alten Menschen, die noch etwas anderes gekannt haben. Sie geben sich »cool«, und entsprechend »händeln« sie ihre »Beziehungskisten«. Zwar träumen sie heimlich und so romantisch wie je von der großen Liebe, aber in der Praxis tun sie alles, um ihr zu entgehen. Oder die Umstände tun das für sie. Die Disco-Begegnung nähert sich den Bahnsteigaufenthalten und dem Wegwerfverhältnis zu den Haushaltsgeräten; man möchte die Vertrautheit gar nicht erst entstehen lassen, die wahrscheinlich doch nur mißbraucht und enttäuscht wird – und Schmerzen bereitet, wenn das geschieht. Außerdem könnte man das Neue und Bessere versäumen, das es vielleicht irgendwo gibt. Die Wohngemeinschaften, zu denen man sich auf Zeit und auf Widerruf so gern und durchaus angemessen zusammenfindet, gleichen dann wirklich den Aufenthalten auf Bahnsteigen oder in Hotels.

Auf dem Gegenpol erinnern die Wohnstifte oder Heime für »Senioren« erst recht an Hotels, übrigens auch darin, daß es Abstufungen von der Luxusherberge bis zur Absteige gibt. Es herrscht ein Kommen und Fortgehen und so lange wie möglich die Betriebsamkeit. Diese Wohnheime sind praktisch, wie die für die jungen Leute; für beinahe alles wird gesorgt. Vor allem sind sie praktisch für die Kinder und Enkel, denen sie das Vertrautwerden mit den Altersgebrechen und mit dem Abschiednehmen ersparen. Aber auch das Vertrautbleiben paßt schlecht zu den modernen Wohnanlagen. Es stört den Betriebsablauf. Geradezu symbolträchtig wirkt, daß Haustiere nicht erwünscht sind, besonders keine Hunde und Katzen. Hat das etwa damit zu tun, daß diese Weggefährten und eines Tages womöglich nur sie noch wissen, was das Vertrautsein bedeutet?

So ist mit allem die Enttäuschung, fast eine Tragik verbunden. Um noch einmal auf die jungen Leute zurückzukommen: Die Erwartung des immer noch Besseren, die dem modernen Lebensgefühl entspricht, verstellt ihnen die Möglichkeiten des Vertrautwerdens, die es gibt. Wenn dann der Märchenprinz oder die Märchenprinzessin sich nicht einfindet, entsteht Bitterkeit, und am Ende bleibt nur die Resignation: Das Leben hält wenig von dem, was es verspricht. Im Grunde lohnt es sich nicht. Vielleicht muß man das schlampige Auftreten so vieler junger Menschen, von dem in einem früheren Kapitel die Rede war, von hier aus erklären, wie das vorzeitige Verfetten und Vergreisen.

Was kann man tun? Ich habe schon gesagt, daß wir selbst uns die Vertrautheit erschaffen müssen, die sich nicht mehr automatisch oder naturwüchsig herstellt. Aber zur Vertrautheit gehören das Vertrauen, die Nähe, die Freundschaft und die Liebe. Man gewinnt sie nicht ohne eine Anteilnahme der Gefühle, der Seele und des Herzens, und darum gehört auch der Abschied immer und unausweichlich hinzu; dies übrigens hat Rilke in seiner Elegie gemeint und gültig beschrieben.

Ja, der Schmerz und die Trauer des Abschiednehmens sind mit der Vertrautheit verbunden. Der gezähmte Fuchs muß weinen, wenn der kleine Prinz ihn verläßt. In meinem Urwald bei der Sababurg betrübt mich bereits der Sturm, der das kunstvoll verwachsene Astwerk einer alten Buche zerstört. Und wie erst, wenn der Sturmwind des Schicksals eine Freundschaft, eine Liebe zerreißt – oder wenn nur der Abschied von der Katze als Hausgefährtin gekommen ist? Wer sich die Tränen ersparen, wer vom Schmerz und von der Trauer unberührt bleiben will, der darf sich auf die Vertrautheit gar nicht erst einlassen. In solch einem Falle weiß ich keinen Rat, außer dem zynischen: Durchwirble dein Leben so schnell, so leichthin und so spurenlos wie möglich – und sieh zu, daß du es zu Ende bringst, bevor die Enttäuschungen oder die Ängste über dir zusammenschlagen.

Gerade der zweite Teil des zynischen Ratschlags ist wichtig. Die Panik, mit der man vom Altwerden und vom Sterben redet oder mehr noch schweigt, kommt kaum von ungefähr. Denn nichts befreit uns vom letzten Abschiednehmen, und wenig oder nichts bereitet uns darauf vor.

Einst, in der »vormodernen« Welt, war das anders. In meiner hinterpommerschen Heimat verstand man sich auf den Tod, weil er wie das Werden und Vergehen im Kreislauf der Jahreszeiten zum Leben gehörte. Begräbnisfeiern verdienten ihren Namen; es handelte sich wirklich um Feste, wie bei der Kindstaufe, der Hochzeit oder dem Erntefest. Und warum nicht? Der Baustoff des Lebens und damit des Todes hieß noch Vertrautheit.

Die Rückkehr in solch eine Welt dürfte inzwischen verriegelt sein wie die in den Paradiesgarten seit dem Sündenfall, auch darum, weil wir nicht mehr »Jesus, meine Zuversicht« singen und an keine Auferstehung glauben. Doch sogar für uns gibt es den Weg, den zu beschreiten sich lohnt. Auf ihn verweist mein letzter Ratschlag:

Übe dich wie in die Kunst des Erinnerns beizeiten ins Abschiednehmen ein, indem du dir einen Vorrat an Vertrautheit anlegst und ihn sorgfältig hütest. Dann wird dir nicht mehr ganz so fremd sein, was dich am Ende erwartet.

Nachwort

Wer dieses Buch las, der wird, so hoffe ich, vieles gefunden haben, was ihm zu neuen Einsichten, zu einem besseren Selbst- und Weltverständnis und zum praktischen Handeln hilft. Doch vielleicht vermißt mancher noch etwas, was er erwartete. Warum, so mag er fragen, ist vom Glück und von der Liebe nur beiläufig, von klassischen Tugenden wie der Tapferkeit überhaupt nicht die Rede?

Es gibt zwei Antworten. Die erste besagt, daß ein redlicher Ratgeber dort schweigen statt schwafeln soll, wo Worte nichts ausrichten. Zu den Erfahrungen, die jeder selbst machen muß, gehören die große Leidenschaft und die große Liebe. Aber ob und wie sie uns begegnen, kann niemand im voraus wissen. Und schon gar nicht kann man sie mit Anweisungen versehen, die etwas taugen.

Ähnlich das Glück. Ich glaube sogar, daß wir es verfehlen, wenn wir es vorsätzlich suchen; es stellt sich nebenher und eben darum um so nachhaltiger ein, zum Beispiel mit der gelungenen Leistung, dem Spiel, den Entdeckungen unserer Neugier oder der Schatzsuche im Erinnern, mit der Zärtlichkeit und dem Gespräch unter Freunden. Und wie soll man zur Tapferkeit raten, wenn die Situation noch nicht da ist – und hoffentlich niemals eintreten wird –, in der sie sich bewähren muß?

Auf die andere Antwort kommt es womöglich noch mehr an. Nicht nur in Ausnahmefällen, sozusagen in Festtagslaune oder durch Krisen hindurch, sondern von der Jugend bis ins Alter müssen wir Tag für Tag, Woche für Woche, Jahr um Jahr unser

Leben führen. Die erhabenen Vorsätze und Vorstellungen, die großen Vorbilder und hohen Ideale schmücken es aus, wie glänzende Kugeln und Kerzen den Weihnachtsbaum, aber sie bestimmen es nicht. Eher verstimmen sie, weil sie immerfort die Kluft zur Wirklichkeit nachmessen. Sie drängen zum Zynismus und zur Menschenverachtung: Was man uns vorgaukelt, ist ein schöner, im Grunde schäbiger Schein, und beinahe stets werden wir belogen. Auch die meisten der altehrwürdigen oder allerneuesten Tugendlehren, sofern sie praktische Ratgeber sein wollen, gleichen, mit Verlaub, den Trockenübungen beim Schwimmen, bei denen man nicht einmal mit den Zehenspitzen bis ins Wasser gelangt.

Nein, hier und jetzt, im Alltagsgebrauch entscheidet sich, ob unser Leben ins Stocken, in die Langeweile, die Bitterkeit gerät oder ob es sich lohnt und wir sagen dürfen: Zwar sind nicht alle Ängste gewichen, bei weitem nicht jeder Traum wurde wahr, und manche Hoffnung zerbrach. Aber dieses Leben hat seine Erfüllung gefunden; wir blicken mit Dankbarkeit zurück und mit Zuversicht voraus auf das, was uns erwartet.

Zu solch einem Leben gehören die leisen, eher unscheinbaren, im guten Sinne alltäglichen Tugenden. Von ihnen handelte dieses Buch.

Namenverzeichnis

Zur Orientierung für junge und vielleicht auch für ältere Leser werden nicht alle, aber die wichtigsten der im Buch genannten Personen in Stichworten vorgestellt. Zugleich werden nach Möglichkeit ihre lesenswerten Bücher genannt.

Adorno, Theodor W., 1903–1969, Philosoph, Soziologe und Musiktheoretiker. Neben Max Horkheimer und vor Jürgen Habermas war er der wichtigste Vertreter der »Frankfurter Schule«. Als Einführung in sein Werk ist zu empfehlen: »Minima Moralia – Reflexionen aus dem beschädigten Leben«.

Aristoteles, 384–322 vor Christus, griechischer Philosoph. Über die arabische Welt gelangten seine Schriften ins mittelalterliche Europa und gewannen einen bestimmenden Einfluß auf das theologisch-philosophische Denken.

Bismarck, Otto Fürst von, 1815–1898, preußischer Ministerpräsident (seit 1862) und erster Reichskanzler des von ihm 1871 gegründeten deutschen Nationalstaates; 1890 von Kaiser Wilhelm II. entlassen. Seine »Gedanken und Erinnerungen« sind ein Meisterwerk deutscher Sprachkunst.

Bürger, Gottfried August, 1747–1794, wurde vor allem als Balladendichter bekannt.

Burke, Edmund, 1729–1797, englischer Politiker und Publizist. Er verteidigte die Freiheitsrechte der Amerikaner und kämpfte für Reformen der Kolonialverwaltung in Indien. Seine »Betrachtungen über die Französische Revolution« wurden zum Manifest gegen die Revolution.

Busch, Wilhelm, 1832–1908, Humorist der Federzeichnungen und Verse. Sein bekanntestes Werk, »Max und Moritz«, entstand 1865.

CARLYLE, Thomas, 1795–1881, britischer Schriftsteller. Er sah die Weltgeschichte als ein Heldenepos und fand seinen exemplarischen Helden in Friedrich dem Großen.

DACH, Simon, 1605–1659, Dichter. Seit 1639 war er Professor für Poesie an der Universität zu Königsberg – mit einem Lehrangebot also, das man an modernen Hochschulen vergeblich sucht.

DESCHNER, Karlheinz, geboren 1924, Schriftsteller, bekannt durch seine Kritik am Christentum. Hier ist zu nennen »Nur Lebendiges schwimmt gegen den Strom – Aphorismen«.

DEWEY, John, 1859–1952, amerikanischer Philosoph und international einflußreicher Pädagoge.

DODERER, Heimito von, 1896–1966, Schriftsteller. Wien in den ersten Jahrzehnten des 20. Jahrhunderts ist das Thema seiner großen Romane »Die Strudlhofstiege« (1951) und »Die Dämonen« (1956).

EBNER-ESCHENBACH, Marie Freifrau von, 1830–1916. Die Schriftstellerin wurde besonders durch Erzählungen bekannt. Eine Ausgabe ihrer »Aphorismen« erschien 1988.

ECKHART, auch Eckardt oder Eckehardt, der deutsche Meister der Mystik, war Dominikanerpater und lebte etwa zwischen 1260 und 1328.

FLEX, Walter, 1887–1917. Der jugendbewegte Dichter, der als Soldat fiel, schuf mit »Der Wanderer zwischen beiden Welten« (1916) ein Kultbuch seiner Zeit.

FONTANE, Theodor, 1819–1898, Journalist, Theaterkritiker und Schriftsteller. Seine »Wanderungen durch die Mark Brandenburg« sind das Muster eines erzählten Sachbuchs; »Effi Briest« und das Alterswerk »Der Stechlin« gehören zu den großen deutschen Romanen.

FREUD, Sigmund, 1856–1939, der Erforscher des Unbewußten und Begründer der Psychoanalyse, dazu ein Schriftsteller von Rang. Siehe von ihm zum Beispiel die »Vorlesungen zur Einführung in die Psychoanalyse« oder »Der Witz und seine Beziehung zum Unbewußten«.

Friedrich Wilhelm I., 1688–1740, von 1713 bis 1740 König in Preußen. Er war der überragende Erzieher zum Preußentum und schuf als »Soldatenkönig« eine schlagkräftige Armee.

Friedrich II., der Große, 1712–1786, von 1740 bis 1786 König von Preußen. Der Sohn Friedrich Wilhelms I. kämpfte Preußen zur Großmacht empor.

Fromm, Erich, 1900–1980, Psychoanalytiker. Neben »Haben oder Sein« gehören zu seinen bekannten Büchern »Die Kunst des Liebens« (zuerst 1956) und »Anatomie der menschlichen Destruktivität« (1974).

Galen, Clemens August Graf, 1878–1946, Bischof von Münster und Kardinal. Als er im Zweiten Weltkrieg seine berühmten Predigten gegen die Vernichtung der Geisteskranken hielt, wagten die Nationalsozialisten nicht, den volkstümlichen »Löwen von Münster« zu verhaften.

Grass, Günter, geboren 1927, Schriftsteller. Seine sinnesfreudige Sprachkraft lohnt das Lesen; siehe besonders »Die Blechtrommel« (zuerst 1959), »Katz und Maus« (1961) und »Das Treffen in Telgte« (1979).

Grimm, Jacob, 1785–1863, und Wilhelm, 1786–1859, Begründer der Germanistik als Wissenschaft. Die Sammlung ihrer »Kinder- und Hausmärchen« erschien in zwei Bänden 1812–1814. Die Brüder Grimm gehörten zu den »Göttinger Sieben«, die 1837 aus ihren Lehrämtern vertrieben wurden, weil sie gegen den Verfassungsbruch des Königs von Hannover protestierten.

Hamilton, Alexander, 1757–1804, amerikanischer Staatsmann. Er führte die nach Stärkung der Union strebende Föderalistische Partei. Als erster Finanzminister der Vereinigten Staaten ordnete er das zerrüttete Geldwesen und gründete die Nationalbank.

Hegel, Georg Wilhelm Friedrich, 1770–1831, galt nach Kant und Fichte als der führende deutsche Philosoph. Dialektik, die Bewegung im Widerspruch, war für ihn das leitende Prinzip. Zu seinen kritischen Schülern gehörte Karl Marx, der Vater des »dialektischen Materialismus«.

Heidegger, Martin, 1889–1976. Mit »Sein und Zeit« (1927) ein Begründer der Existenzphilosophie, verstrickte er sich in den »Aufbruch« von 1933. Sein Spätwerk wird von einer zunehmend mystischen Suche nach dem »Sein« bestimmt.

Heine, Heinrich, 1797–1856. Das »Buch der Lieder« (1827) machte den Lyriker berühmt. Zu seinen tiefdringenden Darstellungen deutschen Geistes und Ungeistes gehören »Zur Geschichte der Religion und Philosophie in Deutschland« (1835) und »Die romantische Schule« (1836).

Herder, Johann Gottfried, 1744–1803, Theologe, Philosoph und vielseitiger Schriftsteller. Als Entdecker der Volksdichtung gewann er Bedeutung besonders in slawischen Ländern. Noch heute lesenswert sind seine »Briefe zur Beförderung der Humanität«.

Heym, Stefan, geboren 1913, Schriftsteller, emigrierte 1933 und lebt seit seiner Heimkehr in Ost-Berlin.

Hitler, Adolf, 1889–1945, von 1933 bis 1945 Reichskanzler und »der Führer«. Seine Predigt war Haß, sein Machtmittel Gewalt, sein Ergebnis Vernichtung.

Hobbes, Thomas, 1588–1679. Der englische Staatsphilosoph begründete die Lehre, daß nur ein machtvoller und souveräner Staat den »Krieg aller gegen alle« verhindern und Frieden schaffen kann.

Hölderlin, Friedrich, 1770–1843. Er gehört zu den bedeutendsten Lyrikern deutscher Sprache. Seine zweite Lebenshälfte verbrachte er in geistiger Umnachtung.

Jaspers, Karl, 1883–1969, neben und gegen Heidegger ein Begründer der Existenzphilosophie, nach 1945 wegen seiner Kritik an restaurativen Entwicklungen heftig umstritten. Sein

Buch »Vernunft und Widervernunft in unserer Zeit« erschien zuerst 1950.

JÜNGER, Ernst, geboren 1895, Schriftsteller. In der Weimarer Republik wurde er mit seiner Verklärung von Kampf, Krieg und Opfertod zu einem Wegbereiter des Unheils, dem er dann – nach 1933 – charaktervoll widerstand.

JÜNGER, Friedrich Georg, 1898–1977, Bruder von Ernst Jünger, Schriftsteller. Sein Buch »Die Spiele« erschien 1953.

KAFKA, Franz, 1883–1924, Schriftsteller, der alptraumhafte Phantastik mit Realismus einzigartig verbindet. Nach Erzählungen wie »Die Verwandlung«, »Das Urteil«, »In der Strafkolonie« wurden die Hauptwerke »Der Prozeß« und »Das Schloß« erst nach Kafkas Tod von Max Brod veröffentlicht.

KANT, Immanuel, 1724–1804, Deutschlands größter Philosoph und Aufklärer. Seine »Kritik der reinen Vernunft« (1781) leitete eine Revolution des Geistes ein. Zu seinen politisch wichtigen Schriften gehören »Beantwortung der Frage: Was ist Aufklärung?« (1784) und »Zum ewigen Frieden« (1795).

KEYSERLING, Hermann Graf, 1880–1946, gründete 1920 in Darmstadt seine »Schule der Weisheit«.

KOLAKOWSKI, Leszek, geboren 1927. Der in Polen gebürtige, in England lebende Philosoph interpretiert biblische Geschichten unterhaltsam in seinem Buch »Der Himmelsschlüssel«.

KUBIN, Alfred, 1877–1959, Zeichner des Unheimlichen und Phantastischen, fruchtbar auch als Buchillustrator, zum Beispiel für Geschichten von E. T. A. Hoffmann oder Edgar Allan Poe.

LAFARGUE, Paul, 1842–1911, Sozialist, Schwiegersohn von Karl Marx. Sein Buch »Das Recht auf Faulheit« erschien in der französischen Erstausgabe 1883.

LEDER, Karl Bruno, 1929–1994, Schriftsteller. Zitiert wurde aus seinem Buch »Nie wieder Krieg? Über die Friedensfähigkeit des Menschen«, München 1982.

LENZ, Siegfried, geboren 1926, Schriftsteller. In sein umfangreiches Werk und nach Masuren lockt das Buch »So zärtlich war Suleyken«, das 1955 erschien.

LICHTENBERG, Georg Christoph, 1742–1799, Physiker und Professor in Göttingen, berühmt aber als Meister knapp und witzig formulierter Gedanken und Beobachtungen. Siehe zum Beispiel seine »Aphorismen«.

LUTHER, Martin, 1483–1546. Seine Reformation führte zur Kirchenspaltung; seine Bibelübersetzung bildet den Urquell deutscher Sprachkunst.

MADISON, James, 1751–1836, amerikanischer Staatsmann. Er war ein Führer der Unabhängigkeitsbewegung und von 1809 bis 1817 der vierte Präsident der Vereinigten Staaten. Die amerikanische Verfassung trägt wesentlich seine Handschrift.

MANN, Thomas, 1875–1955, Schriftsteller. Die »Buddenbrooks« (1901) und »Der Zauberberg« (1924) gehören zu seinen großen Romanen. In der amerikanischen Emigration und in der Auseinandersetzung mit der Gewaltherrschaft entstand »Dr. Faustus« (1947). Zur Einführung ins Werk eignen sich besonders die Novellen.

MARK TWAIN, 1835–1910, amerikanischer Schriftsteller, der Humor mit genauer Beobachtung und Sozialkritik verbindet.

MASCHMANN, Melita, geboren 1918, schrieb das Buch »Fazit – Kein Rechtfertigungsversuch«; es ist lesenswert als Zeitzeugnis für den Weg junger Menschen in den Nationalsozialismus.

MARX, Karl, 1818–1883, mit Friedrich Engels der Begründer des »wissenschaftlichen Sozialismus«. Es lohnt sich noch immer, das von ihm 1848 in glanzvoll dramatischer Sprache geschriebene »Kommunistische Manifest« zu lesen.

MAUROIS, André, 1885–1967, französischer Schriftsteller, bekannt vor allem durch Romane und Biographien.

MITSCHERLICH, Alexander, 1908–1982, Psychoanalytiker. Zu seinen bekannten Büchern gehören: »Auf dem Wege zur vaterlosen Gesellschaft« (1963) und »Die Idee des Friedens und die menschliche Destruktivität« (1969).

Musil, Robert, 1880–1962, Schriftsteller. »Die Verwirrungen des Zöglings Törleß« gehören zu den Vorarbeiten zum unvollendeten Hauptwerk »Der Mann ohne Eigenschaften« (1930–1943). Im Text wurde aus dem »Nachlaß zu Lebzeiten« zitiert.

Nietzsche, Friedrich, 1844–1900, Philosoph. Sein radikaler Bruch mit geistigen Traditionen machte ihn zu einem Wegbereiter modernen Denkens; einen verfälschten Nietzsche nahmen die Nationalsozialisten für sich in Anspruch.

Oncken, Hermann, 1869–1945, national gesinnter, aber im Ersten Weltkrieg zur Mäßigung drängender Historiker, von den Nationalsozialisten aus politischen Gründen vorzeitig in den Ruhestand versetzt.

Ortega y Gasset, José 1883–1955, spanischer Philosoph und glänzender Essayist

Picasso, Pablo, 1881–1973, spanischer Maler, Graphiker, Bildhauer und Keramiker, einer der vielseitigsten und bedeutendsten Künstler des 20. Jahrhunderts.

Plessner, Helmuth, 1892–1985, war ein Begründer der modernen philosophischen Anthropologie. Nach 1933 schrieb er in der niederländischen Emigration sein wichtiges Buch zur deutschen Geistesgeschichte, das unter dem Titel »Die verspätete Nation« 1959 in der Bundesrepublik erschien.

Rilke, Rainer Maria, 1875–1926, Dichter. »Die Weise von Liebe und Tod des Cornets Christoph Rilke« wurde zum Kultbuch der Jugend, die in den Ersten Weltkrieg zog. Zum bedeutenden Spätwerk gehören die »Duineser Elegien« und die »Sonette an Orpheus«.

Robespierre, Maximilien de, 1758–1794, französischer Revolutionär. Innerhalb der Revolution verkörperte er die Phase der Schreckensherrschaft und starb schließlich selbst unter dem Fallbeil.

Rommel, Manfred, geboren 1928, Sohn des bekannten Feldmarschalls Erwin Rommel, langjähriger Oberbürgermeister von Stuttgart.

Rousseau, Jean-Jacques, 1712–1778. Mit seiner Lehre von der ursprünglichen und natürlichen, in der Zivilisation verlorenen Güte des Menschen wurde er zu einem Wegbereiter der Französischen Revolution, mit seiner empfindsamen Seelenanalyse zu einem Wegbereiter der Romantik.

Saint-Exupéry, Antoine de, 1900–1944, französischer Schriftsteller und Flieger. Neben »Der kleine Prinz« (dt. 1950) gehören »Nachtflug« und »Wind, Sand und Sterne« zu seinen bedeutenden Büchern.

Scheler, Max, 1874–1928, Philosoph. Er war ein vielseitiger Anreger, u.a. der philosophischen Anthropologie mit seiner Schrift »Die Stellung des Menschen im Kosmos« (zuerst 1928).

Schelsky, Helmut, 1912–1984, Soziologe. Sein Buch »Die skeptische Generation« erschien 1957; seine konservative Streitschrift »Die Arbeit tun die anderen – Klassenkampf und Priesterherrschaft der Intellektuellen« (1975) wurde zum Bestseller.

Schmitt, Carl, 1888–1985, Staatsrechtslehrer. Trotz der inzwischen üblichen Verharmlosungen: ein Wegbereiter des deutschen Unheils.

Schopenhauer, Arthur, 1788–1860, Philosoph. Seine pessimistische Weltsicht, die aber dem künstlerischen Genie einen wichtigen Platz einräumt, beeinflußte unter anderen Richard Wagner, Friedrich Nietzsche und Thomas Mann.

Schröder, Rudolf Alexander, 1878–1962, Lyriker. Unter dem Eindruck des Nationalsozialismus wandte er sich der Kirche zu und wurde zu einem Erneuerer des evangelischen Kirchenliedes.

Schumpeter, Joseph, 1883–1950, Wirtschaftstheoretiker, seit 1932 in den Vereinigten Staaten. Besonders bekannt wurde sein Buch »Kapitalismus, Sozialismus und Demokratie« (deutsch in der zweiten Auflage 1950).

Snow, Edgar, 1905–1972, amerikanischer Reporter und Publizist. Sein berühmtes Buch »Red Star over China«, in dem er die Welt mit Mao Tse-tung bekannt machte, erschien 1937.

Stein, Karl Freiherr vom, 1757–1831, preußischer Staatsmann. Nach dem preußischen Zusammenbruch von 1807 leitete er grundlegende Reformen ein, so die Bauernbefreiung und die Selbstverwaltung der Städte.

Stevenson, Robert Louis, 1850–1894, schottischer Erzähler. Sein Buch »Die Schatzinsel« wurde zum internationalen Bestseller, ebenso die später immer wieder verfilmte Gruselgeschichte »Dr. Jekyll und Mister Hyde«.

Treitschke, Heinrich von, 1834–1896, Historiker und Publizist. Wortgewaltig hat er eine ganze Generation der Deutschen zum Schlechteren, zu Antisemitismus, Nationalismus und Weltmachtstreben beeinflußt.

Voltaire, 1694–1778, französischer Schriftsteller und Aufklärer. In seiner Zeit war er der überragende Geist nicht nur Frankreichs, sondern Europas. In deutscher Perspektive bleibt denkwürdig sein wechselvolles Verhältnis zu Friedrich dem Großen.

Weber, Max, 1864–1920, der bedeutendste Sozialwissenschaftler am Anfang des 20. Jahrhunderts. Seine Spannweite reichte von Religion über Wirtschaft und Gesellschaft bis zu Staat und Politik. Lesenswert ist noch immer sein Essay »Politik als Beruf«.

Wellington, Arthur Wellesley Herzog von, 1769–1852, britischer Feldherr und Sieger in der Schlacht von Waterloo (1815) über Napoleon I.

Wilhelm I., 1797–1888, seit 1861 König von Preußen und seit 1871 Deutscher Kaiser. Seine Größe bestand in der Entsagung, mit der er »unter« Bismarck Monarch war und dessen Willensgewalt ertrug.

Wilhelm II., 1859–1941, Enkel Wilhelms I. Von 1888 bis 1918 der letzte König von Preußen und Deutsche Kaiser, war er in seinem zwischen Unsicherheit und schneidigem Auftreten schwankenden Charakter ein Repräsentant der nach ihm benannten wilhelminischen Zeit.